잘 노는 아이가
영어도 잘한다

대치동 10년 차 영어 유치원 강사가
사교육 없이도 아이를 영어 잘하게 키운 비결

잘 노는 아이가 영어도 잘한다

최재진 지음

글의온도

추천의 글

영어 교육에서 놓치기 쉬운
'평생 학습 태도'를 키워주는 책

영어 교육만큼 부모의 마음을 복잡하게 만드는 주제도 드뭅니다. 유행은 자꾸 바뀌고, 정보는 넘쳐나는데, 정작 내 아이에게 맞는 길은 어디에 있는지 알 수 없을 때 부모는 쉽게 조급해지고 흔들립니다. 이 책은 바로 그 '흔들림'의 언저리에 선 부모에게 꼭 필요한 책입니다. 이 책의 저자 또한 똑같은 불안과 조바심을 지나왔기에, 훈계도 조언도 아닌 '경험'으로 말을 건넵니다. 지금 당장 큰길로 나서지 않아도 괜찮다고, 아이가 좋아하는 것을 천천히 따라가도 된다고, 다정하게 안심시켜줍니다.

이 책이 특별한 이유는 영어 공부의 방법이 아니라 영어 교육에 관한 부모의 태도와 관점을 다루고 있기 때문입니다. '아이의 속도에 귀 기울이기', '학습이 아닌 관계를 우선하기', '잘하는 아이보다 좋아하는 아이로 키우기' 등 흔히 지나치기 쉬운 이 가치들이 저자의 구체적인 사례와 성찰을 통해 힘 있는 메시지로 다가옵니다. 영어유치원부터 파닉스, 리딩, 문법, 내신까지 단계마다 맞닥뜨릴 수밖에 없는 갈등과 선택의 순간들을 솔직하게 풀어내며 그때마다 중심을 지켜준 단 하나의 나침반이 바로 '아이와의 관계'였음을 이야기합니다.

'영어 교육 정보서'라기보다는 지금 이 시대를 살아가는 부모의 '관계 육아 일기'에 가깝습니다. 단기간에 성과를 내고 싶은 부모에게는 다소 느릿하게 느껴질지 모릅니다. 하지만 아이의 평생 학습 태도와 자존감을 지켜주고 싶은 부모라면 반드시 이 책에서 길을 찾게 될 것입니다. 불안에서 시작해 신뢰로 돌아가는 이 따뜻한 여정을, 더 많은 부모님들과 함께 나누고 싶습니다.

이은경_ 부모교육 전문가, '슬기로운초등생활' 대표

아이도 행복하고 부모도 안심하는
진짜 영어 교육의 해법

"우리 아이 영어, 이대로 괜찮을까?"
"다른 아이들은 벌써 영어유치원에 다닌다는데…."
"영어 원서를 읽히려면 언제부터 시작해야 할까?"

끊임없이 바뀌는 입시 제도, 쏟아지는 교육 정보 속에서 숨 가쁘게 달려가는 대한민국 학부모들. 소신껏 아이를 키우겠다 다짐했지만, 어느새 학원 상담을 받고 학군지 부동산 가격을 검색하고 있을지도 모르겠다. 특히 영어 교육은 부모들에게 가장 큰 고민거리이자 부담으로 다가온다.

이 책의 저자는 그런 부모들에게 단순한 위로가 아닌, 현실에 기반한 확실한 해답을 제시한다. 냉철한 현장 이해와 실제 데이터에 근거한 꼼꼼한 분석을 통해 신뢰할 수 있는 영어 교육 가이드를 완성했다. 대한민국 교육열 최전선인 대치동에서 매년 수많은 아이들의 학업 시작과 성취를 지켜본

강사이자, 미국 대학에서 학부와 대학원까지 유아교육을 전공한 교육 전문가의 진정성 있는 조언이 담겨 있다.

저자의 전문성은 단순한 영어 교육에 그치지 않는다. 아이의 발달 단계에 맞는 전인적 교육, 놀이를 통한 자연스러운 언어 습득, 그리고 평생 이어갈 수 있는 지속 가능한 학습법까지 아우르는 통찰을 제공한다.

아이와 부모가 모두 행복한 영어 교육의 구체적인 방법과 근거가 알차게 담긴 이 책을 모든 학부모에게 자신 있게 추천한다. 공교육 현장과 대학에서 20년 이상 영어를 가르쳐 온 나에게도 이 책은 큰 공감과 위로를 준다. 사교육의 최전선에 있는 현장 전문가의 솔직한 이야기 한 마디 한 마디가 무릎을 치게 한다. 이 책과 함께라면, 영어 교육에 대한 불안감은 줄이고 아이의 잠재력은 키우는 지혜로운 부모가 될 수 있을 것이다.

"영어유치원은 꼭 보내야 하나?"
"원어민 수업은 언제부터 필요할까?"
"우리 아이는 왜 다른 아이보다 영어를 못하는 걸까?"

이런 질문들로 밤잠을 설치는 부모라면, 이 책을 정독하기를 강력히 추천한다.

이송은_ 동의대학교 영어영문학과 교수(영어교육전공)

영어, 부담 없이 친숙하게:
유아기부터 시작하는 현명한 접근

"어떻게 하면 아이가 영어에 대한 부담 없이 자연스럽게 배울 수 있을까?"

이 질문은 카세트테이프로 영어를 듣던 과거에도, 생성형 AI가 수많은 콘텐츠를 만들어내는 오늘날에도 여전히 유효하다. 영어 교육을 고민하는 부모라면 누구나 한 번쯤 품는 질문이다. 대부분의 부모는 아이가 현란한 동시통역사가 되기를 바라는 것이 아니다. 다만, 아이가 앞으로 무언가를 배우거나 살아가는 데 있어 '영어'가 걸림돌이 되지 않기를 바랄 뿐이다.

그래서 많은 부모가 이런 가설을 세운다. "놀면서 영어를 배우면, 영어에 익숙해지고 자연스럽게 사용할 수 있을 것이다." 유아교육과 발달심리의 관점에서 보면 이 가설은 타당하다. 다만, 이 가설이 실제 교육현장에서 효과를 발휘하려면 몇 가지 중요한 조건이 충족되어야 한다. 균형 잡힌 발달 경험, 모국어 환경에서의 안정적인 언어 능력 형성, 그리고 그 위에서 이루어지는 체계적인 영어 노출과 활용이 바로 그것이다.

이 책의 저자는 유아교육을 전공하고, 미국과 한국 양쪽에서 풍부한 교육 경험을 쌓아온 영어교육 전문가다. 특히 영어를 제2언어로 배우는 대한민국의 EFL 환경에서 유아 영어교육이 실제로 어떻게 가능하고 실천 가능한지를 매우 구체적으로 안내할 수 있는 역량을 갖추고 있다.

엄마표 영어, 학원 중심 영어, 학교 영어 등 각기 다른 교육 형태를 두루 아우르며, 그에 맞는 적용 전략을 섬세하게 제시하는 점 또한 이 책의 강점이다. 지속가능한 영어교육을 고민하는 부모들에게 이 책이 널리 읽히게 되기를 진심으로 바란다.

이효정_ 가랑비교육연구소 대표

잘 노는 아이가 진짜 실력자다!

초등학교에서 영어를 가르치다 보면 학군과 관계없이 학생들 간 영어 수준 차이가 상당하다는 것을 알게 됩니다. 부모라면 누구나 내 아이가 어느 영역에서든 보통 이상의 수준이 되길 바랄 것입니다. 초등학생 때 시작하느냐, 유치원 때 시작하느냐는 그리 중요하지 않습니다. 아이의 언어 역량이 충분하다면 더 늦게 시작해도 얼마든지 영어를 잘 할 수 있기 때문입니다.

발달에는 영역마다 적절한 시기가 있습니다. 저자의 생각처럼 너무 이른 시기에 지식의 양에 욕심을 내는 것은 바람직하지 않습니다. 오히려 호기심, 탐구력, 인내심, 사회성과 같은 학습 기반을 탄탄하게 다지는 것이 중요합니다.

어느 부모도 자녀가 '공부만' 잘하는 아이가 되길 바라지는 않을 것입니다. 이 책은 단순히 영어를 잘하는 '방법'을 알려주는 것을 넘어 가정에서 언어 역량과 비인지적 역량을 어떻게 길러줄 수 있는지 안내합니다. 이 책의 강점은 영어 학습의 중요성과 도달점을 분명하게 제시하면서도 학습 기반을 놓치지 않는다는 점입니다. 저자는 자신의 교육 노하우와 양육 경험을 바탕으로, 지식 주입이 아닌 진정한 언어 발달의 길을 제시합니다. 영어 교육의 올바른 방향과 구체적인 방법을 친절하게 안내하는 이 책은, 우리 아이들의 미래를 위한 든든한 길잡이가 되어줄 것입니다.

김미진_ 경산교육지원청부설영재교육원 영어센터 담당교사, 교육학 박사

영어 교육의 중심을 잡아주는 부모 필독서

부모의 사랑이 때로는 아이에게 독이 되는 현실을 취재 현장과 일상에서 자주 목격합니다. 부모는 아이를 위한 일이라고 철석같이 믿었지만, 나중에서야 오히려 해가 되었다는 걸 깨닫고 가슴을 치곤 합니다. 특히 미취학 아동에게 부모의 영향력은 절대적입니다. 친구나 선생님 등으로 관계의 폭을 넓히기 전 아이에게 부모는 세상 그 자체이기 때문입니다. 그렇기에 이 시기에 부모의 잘못된 판단은 아이에게 돌이킬 수 없는 상처를 남기기도 합니다. 부모가 아이에게 가장 위험한 존재가 되는 안타까운 상황이 종종 벌어지는 이유입니다.

《잘 노는 아이가 영어도 잘한다》는 단순히 영어를 잘 가르치는 방법에 그치는 책이 아닙니다. 저자는 사교육을 무조건 나쁘게 여기지도, 맹목적으로 좋게 평가하지도 않습니다. 사교육의 최전선에서 겪은 풍부한 현장 경험과 탄탄한 이론을 바탕으로, 아이에게 해가 되지 않는 사교육 활용법을 구체적이고 친절하게 안내합니다. 무엇보다도 자녀를 직접 키우면서 저자가 치열하게 고민했던 흔적들이 고스란히 담겨 있습니다. '4세 고시', '7세 고시' 등 조기 사교육의 열풍 속에서, 최소한 내 아이에게만큼은 해가 되지 않는 부모가 되기 위한 꼭 필요한 지침서입니다.

이도경_ 국민일보 교육 전문 기자

추천의 글 · 004
프롤로그 내 아이의 영어, 이대로 괜찮을까? · 014

1장.
영어보다 먼저 키워야 할 것들:
평생 영어 실력을 만드는 기초 체력

1. 똑똑하고 당당한 아이로 키우는 진짜 영어 교육 · 025
2. 놀면서 배우는 아이가 영어도 잘한다 · 034
3. 영어 스트레스, 제로로 만드는 비밀 · 056
4. 우리 아이에게 딱 맞는 영어 교육법 찾기 · 069

2장.
영어가 되는 놀이, 놀이가 되는 영어

1. 일상이 곧 영어가 되는 마법 같은 순간들 · 085
2. 손으로 만지고 몸으로 익히는 영어 · 091
3. 상상력이 자라는 영어 놀이터 · 098
4. 부모와 함께하는 즐거운 영어 놀이 시간 · 111

차례

3장.
연령별 영어 학습 로드맵: 우리 아이는 지금 어디쯤일까?

1. 만 3~4세: 호기심 하나면 충분한 첫 영어 여행 · 121
2. 만 5세: 친구와 함께 배우는 영어의 힘 · 126

4장.
영어 유치원 현명하게 선택하기

1. 영어 유치원, 보내야 할까 말아야 할까? · 133
2. 후회 없는 영어 유치원 선택법 · 139
3. 아이의 마음 건강 지키기: 스트레스 관리의 모든 것 · 152

5장.
영어만으로는 부족하다:
전인적 성장의 비밀

1. 운동이 만드는 평생 자신감 • 163
2. 영어 노래: 단순한 노래가 주는 놀라운 효과 • 170
3. 한국어가 탄탄해야 영어도 날개를 단다 • 174

6장.
영역별 맞춤 학습:
4가지 능력 제대로 키우기

1. 읽기 전에 듣기부터! 영어 독립은 귀에서 시작된다 • 185
2. 아이의 영어 말문이 트이는 신기한 순간들 • 192
3. 읽기의 즐거움을 발견하는 특별한 여정 • 200
4. 그림 일기부터 시작하는 단계별 쓰기 학습 • 203

7장.
초등 그 이후를 준비하는 영어 교육

1. 초등 영어와 자연스럽게 이어지게 하려면 · 233
2. 영어를 평생의 도구로 만드는 비결 · 240
3. 기초가 단단한 아이가 결국 웃는다 · 247
4. AI 시대에도 승승장구하는 아이 · 253

8장.
부모의 역할: 영어 교육의 숨은 주역

1. '엄마표 영어'는 어떻게 달라져야 할까? · 263
2. 아이의 속도를 존중하는 맞춤 학습 · 267
3. 영어를 좋아하는 아이로 키우기 · 275
4. 실패를 두려워하지 않는 용기 키우기 · 280

프롤로그

내 아이의 영어, 이대로 괜찮을까?

"은성이 엄마, 무슨 일 해요?"
"저, 그냥 애들 가르쳐요."
"무슨 과목이에요?",
"영어요."

첫째가 유치원을 다니던 시절, 학부모 모임에서 영어를 가르친다고 말하는 순간부터 질문이 쏟아진다. 궁금증은 대체로 비슷하다. "아이를 영어 유치원이 아닌 일반 유치원으로 보낸 이유가 뭐예요?", "내년에 영어 유치원으로 옮겨야 할까요?", "방과 후에 보낼 만한 학원 좀 추천해주세요" 등 평소 궁금했던 것들이 쏟아져 나온다.

미국에서 유아교육(K-3)을 전공하고 돌아온 나는 영어 유치원과 놀이학교에서 인기 강사였다. 청담동의 고급 놀이학교부터 몬테소리, 영어 유치원까지 다양한 경험을 쌓았다. 처음엔 일반 유치원과 영어 유치원의 차이도 몰랐지만, 이제는 아이의 일상 이야기만 들어도 어떤 교육 환경이 맞을지 각자에게 조언할 수 있는 정도로 연차가 쌓였다.

한국의 영어 유치원 시장은 꾸준히 성장 중이다. 2023년 기준 서울 내 일반 유치원은 788곳인데 영어 유치원(유아 대상 영어 학원)은 311곳이다. 저출생 시대에도 유아 영어 교육 시장은 오히려 커지고 있다. 평균 비용은 월 124만 원 정도인데, 여기에 급식비, 특성화비, 차량비 등을 포함하면 150만 원 정도다. 시설 좋고 평이 괜찮은 영어 유치원은 월 200만 원 안팎이다.

영어 사교육 시작 연령은 계속 낮아지고 있다. 대입 강사가 중등으로 내려오고, 중등 학원이 초등반도 받는다. 7살 수업이 6살로, 6살 수업이 5살로 내려오는 추세다. 특히 읽기 교육이 강조되면서 이제는 갓 돌 지난 아이에게도 통문자 노출법이나 우뇌 발달용 플래시 카드가 인기다. 아이들의 뇌가 갑자기 진화하기라도 한 걸까?

유아 사교육은 시작에 불과하다. 한번 이 길에 들어서면,

중간에 멈추기 위해서는 엄청난 용기가 필요하다. 3년간 매월 150만 원씩 들여 영어 유치원을 다녔는데, 8살 때 다시 파닉스부터 시작하라고? 말도 안 되는 소리지.

영어 유치원이 점점 더 읽기와 쓰기 같은 학습을 강조하는 것은 부모의 욕심이 크게 작용한 결과다. 처음엔 "우리 애가 즐겁게 다니면 됐지"라고 생각한다. 하지만 매달 150만 원씩 학원비가 쌓이다 보면 "그래, 내가 낸 돈이 얼만데?"라는 기대가 생기기 마련이다. 이런 상황에서 "영어가 즐거우면 그만이야!"라는 마음을 유지하기란 쉽지 않다. 가장 충격적인 순간은, 즐겁게만 다닌 우리 아이가 7살에 진학할 학원이 없다는 현실을 시험 결과로 확인할 때다.

이는 단순히 영어 유치원과 어학원의 정원 차이에서 비롯된 현상이다. 영어 유치원이 100명이라면, 1~2학년 대상의 선행 위주 어학원 정원은 30명도 채 안 된다. 대부분의 어학원이 읽기와 쓰기에 중점을 두고, 이 능력으로 아이들을 선별한다. 영어 유치원도 7세 입학시험 합격률을 올리려고 읽고 쓰기를 더 강조하게 된다. 결국 놀이식 영어 유치원은 사라지고 학습 중심의 유치원만 남았다. 놀이식을 원하는 부모들은 연간 학비가 3,000만 원 정도 하는 비인가 국제학교로 보내기 시작했다.

영어 유치원과 과외의 역설:
외고생들이 들려주는 의외의 진실

미취학 아동 시기에 영어 유치원을 다니면서 거기에 더해 영어 과외를 받는 아이들은 주로 어떤 경우일까? 대부분 영어 유치원 수업을 따라가기 힘든 아이들이다. 영어 유치원에 잘 적응하고 숙제도 무리 없이 해내는 아이들은 개인 수업이 필요 없다. 유치원만으로도 부모의 기대를 충족시키니까. 결국 영어 유치원생이 개인 수업을 받는 이유는 반 평균이라도 따라가기 위해서다.

종일 영어 유치원에서 수업을 듣고 또 영어 개인 수업을 받는 아이들이 영어에 대해 좋은 감정을 가질 리 없다. 단어를 외우며 자신의 머리를 쥐어박거나, 영어를 읽으면서 불안해하며 바지 속에 손을 넣는 모습을 본 적이 있다. 연필을 자주 떨어뜨리고, 강사의 말을 소음으로 느껴 귀를 막고 멍하니 있다가 "네?"라고 되묻는 아이들도 많았다. 특히 우려되는 것은 영어 발음만 좋을 뿐 실제 내용을 거의 이해하지 못하는 아이들이 많다는 점이다.

그렇게 어르고 달래고, 때론 엄하게 다그쳐서 4살과 7살 어린이들의 레벨 테스트와 학원 입학시험을 준비시킨 결과는 나름 성공적이었지만, 과연 이렇게 어릴 때부터 영어에 매달린 아이들은 학교에 가서도 꾸준히 잘했을까?

　운 좋게도 그 답을 확인할 기회를 얻었다. 제2의 학군지인 목동에서 중고등학생들을 가르치며 외고 준비생들의 영어 공부 이력을 조사했는데, 놀랍게도 영어 유치원 출신은 10명 중 3명뿐이었고, 나머지 7명은 일반 유치원을 다녔다. 왜 이런 일이 벌어졌을까?

　당시 외고를 준비하는 학생들은 전교 5등 이내에 꾸준히 드는 여학생들이었다. 전교 5등 안에 드는 건 영어만 잘해서는 불가능한 일이다. 국영수는 물론 다양한 수행평가까지 꾸준히 잘해야 가능하다. 즉, 영어 유치원 출신인지가 중요한 게 아니라 자기 조절력(비인지 발달)이 강한 아이들이 학교 공부에 유리했던 것이다.

　한편, 수능 영어를 준비하는 학생들 중에는 초등학교 저학년 시절 조기 유학을 경험한 이들이 상당수를 차지했다. 일부 학원에서는 어린 시절의 영어 몰입 교육이 수능 영어 성공의 지름길이라고 선전하지만, 현실은 전혀 달랐다. 이들 조기 유학 경험자들은 교과 수학을 따라잡느라 고전했고, 고등학교에 와서는 국어 성적 향상에 많은 시간을 할애해야 했다.

　"한글로 된 문장은 읽을 수 있지만 의미를 파악하지 못하겠다"는 학생들의 호소는 외국어 학습에서 모국어 능력이 근간이 된다는 교육적 진리를 다시금 일깨워주었다. 수능 영어에 요구되는 수준 높은 독해력은 초등학교 6학년이라는 이른 시기에 완성되기 어려웠던 것이다.

대치동 영어강사의 고백: 내 아이에겐 이것만 지켰다

유아 사교육의 중심에서 10년 넘게 일하다 보니, 나 역시 내 아이에게 뭔가를 시켜야 할 것 같은 조급함이 밀려왔다. 하지만 초등학교 1학년부터 시작되는 입시 레이스의 최종 승자가 결국 "학원 원장님"이라는 현실을 직접 목격했기에, 그 조급한 마음을 어느 정도는 다스릴 수 있었다.

결혼 후 두 아이를 키우면서 드디어 내 교육 철학을 실험할 기회가 왔다. 미국 유아교육 전공자로서, 그리고 청담동, 목동, 반포 등 서울 핵심 학군에서 쌓은 현장 경험을 바탕으로 세 가지 확고한 원칙을 세웠다.

1) **모국어가 우선이다:** 깊이 있는 사고와 풍부한 표현의 기본은 모국어에서 시작된다.
2) **영어 소리는 어릴 때부터 자연스럽게:** 강요 없이, 놀이처럼, 일상적으로.

3) 인지발달보다 비인지 발달이 더 중요하다: 자기조절력, 끈기, 사회성이 미래의 성공을 좌우한다.

이렇게 세 가지 원칙을 세우고 접근했다. 물론 나는 "우리 아이는 아무것도 안 시켜요"라며 모든 선행 교육을 터부시하는 순진한 엄마는 아니다. 만약 자연 속 놀이가 최고의 교육이라면, 시골 아이들이 모두 명문대에 가고 더 행복해야 하지 않을까? 하지만 현실은 대치동이 SKY를 가장 많이 배출한다. 중요한 것은 "무엇을 언제 하느냐"가 아닌, "무엇을 어떻게 하느냐"이다.

이 책은 영유아부터 대학 입시까지, 10년간 영어를 가르치며 얻은 현장의 통찰과, 평범한 월급쟁이로서 두 아이를 키우는 엄마의 솔직한 고민을 담았다. 오랜 유아 교육 이론과 실전 경험을 바탕으로, 과도한 학습 일정에 지친 아이들이 사교육과 가정 내 활동을 균형 있게 활용하여 잠재력을 자연스럽게 키우는 방법을 제시한다.

특히 대치동이라는 사교육 1번지에서 10년 넘게 아이들을 가르치며 보고 들은 생생한 사례들을 통해, 유아 영어교육에 대한 현실적이고 균형 잡힌 시각을 전하고자 한다. 더불어 유치부터 대입까지, 전 연령대를 가르친 영어 강사의 안목으로 불필요한 내용은 과감히 덜어내고, 효율적이고 지속가능한 영어 교육 로드맵을 제시한다.

  이 책은 교육 전문가의 냉철한 분석이자, 두 아이를 키우는 엄마의 따뜻한 조언이 될 것이다.

1장

✷

영어보다 먼저 키워야 할 것들:
평생 영어 실력을 만드는 기초 체력

1
똑똑하고 당당한 아이로 키우는
진짜 영어 교육

길을 걷다가 작년에 가르쳤던 8살 유현이를 우연히 만났다. 5살에 '4세 고시'를 통과하고 영재 영어 유치원에 붙었고, 이미 몬테소리 교구로 곱하기 나누기 등 극도의 선행을 하며 달렸던 아이였다. 당시 나는 이 똑똑한 아이를 내심 부러워하며 '우리 아이도 이렇게 컸으면 좋겠다'고 생각했다. 인사말이 끝나기도 전에 유현이는 자고 있는 둘째 유모차의 방풍막 속으로 얼굴을 불쑥 집어넣고 손으로 아이를 만지며, "선생님, 이 유모차에는 뭐에요? 누가 있어요? 애기가 있네?" 하며 특유의 기계음 목소리로 그저 자신의 호기심을 채우기 위한 질문 폭격을 시작했다.

나는 이때 깨달았다. "더하기 빼기, 독서교육이 진짜 교육이 아니구나. 사회 속에서 다른 사람과 조화롭게 어울릴 줄 아는 사람으로 성장시키는 게 진짜 교육이구나."

미취학 아동에게 '영어'라는 과목 하나만 가르치기엔 만 3~5세의 시간이 너무 소중하다. 우리는 인스타그램, 유튜브, 영어 교육법, 학원 설명회 등 정보 과잉의 시대에 살고 있다. 특히 최근에는 알고리즘이 추천해주는 정보로 인해 확증편향이 심해졌다. '책육아'를 검색하면 SNS와 검색 앱에 관련 홍보가 끊임없이 뜬다. 거실 한 면을 가득 채운 책장과 그 안의 빽빽한 전집 그리고 이를 통해 아이의 언어발달이 뛰어나다고 자랑하는 인스타그램 피드를 보면 갑자기 불안해진다.

어릴 때부터 영어 원서 읽어주기를 강조하는 인플루언서들의 주장에 혹해서 아이가 종일 영어책만 읽는 것을 자랑스러워하는 부모도 많다. 하지만 이런 극단적인 학습이 "유사 자폐"로 이어질 수 있다는 점을 간과하고 있다. 유사 자폐란 선천적 자폐와 달리 과도한 자극이나 스트레스로 인해 사회성이 떨어져 자폐 스펙트럼과 유사한 행동을 보이는 것을 말한다.

만 3세부터 시작하는 유치원 교육과정에서는 "전인교육"을 강조한다. 이는 인지능력뿐 아니라 언어, 체력, 감성, 사회성 등을 조화롭게 발달시키는 것이 목표다. 전 세계 어느 나라를 봐도 읽기, 숫자, 쓰기 등 인지발달만 강조하는 유아교육은 없다. 미취학 아동에게는 자기 주도성, 자기 조절력, 몰입, 감정 표현, 또래와의 상호작용 등 비인지 발달이 중요하며, 이는 AI 시대를 맞아 더욱 중요해졌다.

아이의 평생 자산이 되는 실행기능, 왜 중요할까?

비인지 발달 중 실행기능Executive Functions 개념을 소개한다. 하버드 대학교 어린이 발달 센터에 따르면, 실행기능은 크게 세 가지로 구성된다.

- **작업 기억**Working Memory: 짧은 시간 동안 정보를 저장하고 조작하는 능력
- **인지적 유연성**Cognitive Flexibility: 새로운 정보나 상황 변화에 적응하고 대응하는 능력
- **억제 통제**Inhibitory Control: 충동을 억제하고 해야 할 일에 집중하는 능력

이 세 가지 기능이 합쳐져 계획 수립, 목표 지향적 행동, 자

기 조절, 문제 해결, 주의 전환 등의 능력을 형성한다.

작업 기억은 짧은 시간 동안 정보를 저장하고 처리하는 능력을 말한다. 일상에서 이런 능력을 쉽게 확인할 수 있다. 예를 들어, 김치찌개를 끓이다 잠시 아이 숙제를 봐주고 돌아왔을 때, 방금 전에 양념을 넣었는지 기억해내는 것이 바로 작업 기억이다.

유치원에서는 이런 작업 기억을 자주 사용한다. "유치원 수첩은 작은 가방에 넣고, 물병을 들고 자리에 앉자"와 같은 여러 단계의 지시를 내릴 때가 많다. 영어 학원에서도 비슷한 상황을 볼 수 있다. "워크북을 다 했으면 색연필을 정리하고, 책은 선생님께 주세요"라든가 "의자 정리를 하고, 문 앞에 한 줄 기차 하세요"와 같은 복잡한 지시를 순서대로 잘 수행하는 작업 기억이 좋은 아이들이 있다.

반면 작업 기억이 덜 발달한 아이들은 처음 한두 가지 지시만 수행하고 "다 했어요!"라고 외치곤 한다.

작업 기억이 뛰어난 아이들은 여러 면에서 학습 우위를 보인다. 이들은 문제 해결력과 읽기 이해력이 뛰어날 뿐 아니라, 다양한 과제를 능숙하게 수행하는 역량을 갖추고 있다. 유치원에서는 이 능력을 높이기 위해 "기다리는 시간"을 활용한다. 20명의 아이가 줄을 설 때 생기는 틈새 시간에 짧은 게임을 한다. 거꾸로 말하기, 숫자 활동(숫자 외우기, 거꾸로 나열하기,

규칙 찾기), 메모리 게임, "시장에 가면"To market, to market, "나처럼 해봐요"Simon says 등이 대표적이다.

인지적 유연성이란 상황과 관점, 우선순위의 변화에 따라 유연하게 적응할 수 있는 사고 능력을 말한다. 이는 아이들의 일상에서 쉽게 관찰할 수 있다. 예를 들어, 바다에 가기로 한 날 갑자기 날씨가 나빠졌을 때의 반응으로 아이의 유연성을 확인할 수 있다. 유연한 사고를 가진 아이는 실망감을 느끼면서도 실내에서 재미있는 놀이를 찾아내지만, 경직된 사고를 가진 아이는 계획 변경을 받아들이지 못하고 종일 울거나 화를 낸다. 아이의 유연성을 키우려면 변화하는 상황을 유머러스하게 다루는 것이 좋다. 책 내용을 바꿔 이야기하는 활동이 대표적인 예다.

시시각각 변화하는 현대 사회에서 유연성은 매우 중요한 자질이다. 하지만 역설적이게도 루틴을 강조하는 교육에서는 이를 크게 다루지 않는다. 유연성을 키우는 활동으로는 단어 바꿔 말하기, 이야기 이어 말하기, 사물 용도 바꿔보기, 새로운 게임 만들기, 정답 없는 문제 해결하기(꽃꽂이, 청소 방법 바꾸기) 등이 있다. 이런 유연성은 영어 문법의 예외를 이해하고, 과학 실험을 다양하게 시도하며, 수학 문제를 여러 방법으로 해결하는 데에도 도움을 준다.

억제 통제력은 당면한 순간적인 상황에서 충동이나 불필요한 생각을 걸러내는 능력이다. 이는 장기적 관점의 자기 조절력이나 그릿GRIT과는 다른 개념이다. 억제력은 순간적인 방해 요소 속에서도 중요한 것을 선택하고 집중하며 목표를 향해 나아가게 한다. 예를 들어, 공부 중에 유튜브가 생각나도 내일의 단어 시험을 위해 참는 것이 억제력이다.

반면 자기 조절력self-control은 장기적 목표를 위해 감정, 욕구, 행동을 관리하는 능력이다. 중간고사를 앞두고 친구들과의 노래방이나 카페 방문을 자제하는 것이 자기 조절력의 예다. 이러한 능력들은 아이의 전반적인 발달과 학습, 특히 영어 학습에 있어 중요한 역할을 한다.

영어만이 전부가 아닌 이유: 비인지 능력의 숨은 가치

유아기 교육에서는 비인지 역량을 키우는 데 중점을 두고, 영어는 부수적으로 접하게 하는 것이 좋다. 24개월까지 아이들은 본능에 충실하게 살지만, 그 이후 언어 발달과 기관 생활을 통해 규칙을 배우기 시작한다. 이 과정에서 억제력, 작업 기억, 유연성 등 실행기능의 기초가 형성된다.

예를 들어, 유치원에서 아이들은 음식을 받고도 다른 친구

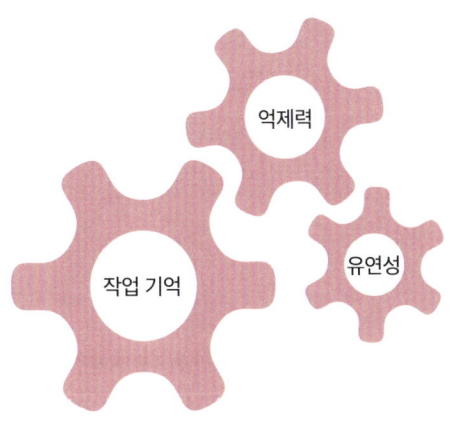

실행기능은 작업 기억, 유연성, 억제력이
유기적으로 상호작용하며 발휘되는 능력이다.

들을 기다렸다가 함께 먹거나, 놀고 싶은 마음을 참고 장난감을 정리하는 법을 배운다. 이런 경험들이 실행기능 발달의 토대가 된다.

우리 일상에서도 이러한 실행기능을 끊임없이 사용한다. 퇴근 후 피곤해도 아이들을 위해 건강식을 만들고, 집안일을 분담하는 것도 실행기능의 예다.

유아기 영어 교육의 핵심은 비인지 역량 개발에 집중하면서 영어를 자연스럽게 접하게 하는 것이다. 영어만 잘하는 아이보다 뛰어난 실행기능을 가진 아이가 입시와 사회생활에서 더 크게 성공한다.

학교생활은 실행기능의 총체적 집합체다. 시험, 수행평가, 봉사활동, 독서, 실험 등 다양한 과제를 관리해야 한다. 영어 단어 시험을 위해 유튜브 시청 대신 공부하는 것(억제력), 과목별 학습 시간을 조절하는 것(작업 기억), 갑작스러운 일정 변경에 대응하는 것(유연성)에는 모두 실행기능이 필요하다.

아이들은 인지 발달뿐만 아니라 비인지 발달도 기관 생활과 일상에서 꾸준히 연습해야 한다. 억제력은 한 번 사용하면 다시 연속하여 발휘하기 어려운 특성이 있다. 예를 들어, 레고 놀이 대신 영어 공부를 선택한 후에는 과자를 먹고 싶은 욕구를 참기 어렵다. 기관에서 모범적이던 아이가 집에서는 떼를 쓰는 이유도 이 때문이다. 기관에서 억제력을 많이 사용하고 나면 집에서는 풀어지기 때문이다.

실행기능 향상을 위한 최고의 방법은 우리가 어릴 적 즐겼던 놀이들이다. "무궁화 꽃이 피었습니다!", "아이 엠 그라운드", "시장에 가면" 같은 놀이들이다. 이런 놀이들이 전 세계적으로 비슷하게 존재하는 이유는 뇌 발달에 효과적이기 때문이다. 하지만 요즘은 외동이 많아지고 연령별 수업이 늘어나면서 또래 간 다양한 놀이와 상호작용 기회가 줄고 있다.

최근 놀이식 영어 유치원의 인기가 떨어지면서 학습식 영어 유치원이 늘어났다. 놀이식 유치원은 발레, 체육, 미술 등 다양한 활동을 영어로 진행했지만, 졸업 후 적절한 어학원을 찾기 어려워지면서 변화가 생겼다. 월 200만 원씩 3년간 7,000만 원을 투자했는데도 8살에 다시 기초부터 배워야 한다는 현실에 부모들이 불만을 느끼면서, 학습식 영어 유치원으로 전환하는 추세다.

영어 유치원의 커리큘럼은 매우 체계적이고 빡빡하다. 읽기, 쓰기, 문법 교재로 구성된 시스템은 원어민 강사가 자주 바뀌는 환경에서 효율적인 방식이다. 누가 와도 가르칠 수 있기 때문이다. 하지만 자유 시간이 거의 없어 실행기능을 연습할 기회가 부족하다.

아이가 성장하면서 메타인지가 발달하고 우선순위 조절 능력이 생기면 실행기능의 분배도 가능해진다. 그전까지는 아이의 놀고 싶은 욕구를 지나치게 억제하지 않는 것이 좋다.

따라서 미취학 아동은 영어 자체보다 비인지 역량을 키우는 데 중점을 두어야 한다. 영어는 이러한 능력 위에 자연스럽게 얹어주는 정도가 적당하다. 이런 균형 잡힌 접근이 장기적으로 아이의 성장과 발달에 더 도움이 된다.

영어 유치원은 영어를 처음 배우는 아이들보다는, 이미 기초가 있는 아이들이 실행기능을 연습하는 공간이다.

2
놀면서 배우는 아이가 영어도 잘한다

아이의 뇌는 어떻게 언어를 습득하나?

만 3세 수민이는 매일 "엄마, 유치원 재미없어"라고 말한다. 엄마가 유치원에서 뭐했는지 물어봐도 "몰라"라고만 답한다. 수민이의 답변에 엄마는 불안해진다. '유치원에서 배우는 게 없이 노는 것 같네.' 결국 엄마는 3시 하원 후 다닐 영어 학원을 찾았다. 이제 수민이는 유치원이 재미있다고 할까?

2019년 개정 누리과정으로 유치원 교육이 크게 바뀌었다. 강사 주도 수업에서 아이 주도형 놀이 중심으로 전환된 것이다. 한글과 숫자 교육을 직접 하는 대신 놀이 시간이 더 늘어

났다. 부모들은 걱정이다. '우리 아이가 놀기만 하고 오는 건 아닐까?'

하지만 진짜 문제는 따로 있다. 스스로 놀 줄 모르는 아이들이 많아진 것이다. 이런 아이들은 "엄마, 유치원 재미없어"라며 집에서 투정한다. 부모는 '우리 아이는 뭔가 배우고 싶은데 유치원에선 놀기만 해서 심심하다는 걸까?' 하고 오해하며 방과 후 학원을 알아본다.

어떤 아이들은 종일 땀을 뻘뻘 흘리며 놀이를 즐기는데, 왜 어떤 아이들은 유치원이 재미없다고 할까? 놀이의 핵심은 주도성과 자발성이다. 진정한 놀이는 아이가 주인공이 되어 스스로 선택하고 즐기는 것이다. 타인의 의지로 하는 건 놀이가 아닌 일이 되어버린다. 아이가 주도적으로 놀이를 시작하고 원할 때 그만둘 수 있어야 한다. 예를 들어 소꿉놀이를 할 때 아이가 강아지나 고양이 같은 역할을 선택했다면 이것도 주도적인 놀이다.

놀이에는 단계가 있고, 이는 순차적으로 진행된다. 한 단계를 건너뛰고 다음으로 갈 수 없기에, 우리 아이가 어느 단계에 있는지 아는 게 중요하다. 이는 아이의 사회성 발달과 직결되기 때문이다.

놀이는 크게 6단계로 발전한다. 1) 비활동적 놀이, 2) 단독놀이, 3) 관찰놀이, 4) 평행놀이, 5) 연합놀이, 6) 협동놀이.

1단계: 비활동놀이(출생~약 3개월)

아기는 특별한 목적 없이 움직이며 자신의 몸과 주변을 탐색한다. 다양한 감각 자극을 경험하고, 몸의 움직임을 인식하며 조절 능력을 키운다. 이 시기가 지나면 '주먹 빨기'같은 행동이 나타난다.

2단계: 단독놀이(약 3~24개월)

아이는 혼자만의 놀이를 즐긴다. 자신의 장난감이나 물건에 집중하며, 스스로 놀고 문제를 해결하는 능력을 키운다. 이 시기에 아이는 자기만의 놀이 방식을 만들고, 한 가지 활동에 집중하는 능력을 향상시킨다. 24개월 아이는 블록 4개를 혼자 끼울 수 있을 정도로 집중력이 발달해야 한다.

최근 과도한 조기교육과 부모와의 상호작용 부족으로 놀이 단계가 24개월 수준에 머무는 아이들이 많아졌다. 유치원에 있는 수많은 놀잇감을 손으로 툭툭 만지기만 하고 놀이에 몰입하지 않는다.

3단계: 관찰놀이(만 24개월 전후)

아이는 다른 아이들의 놀이를 관찰하며 흥미를 보인다. 직접 참여하진 않지만, 관찰을 통해 놀이 규칙과 방법, 새로운 표현을 배운다. 둘째 아이가 빨리 배우는 이유도 이것 때문이다.

4단계: 평행놀이(만 3~4세)

아이들은 같은 공간에서 같은 놀잇감을 갖고 놀지만, 각자 따로 논다. 서로 간 상호작용은 없지만, 다른 아이들의 존재는 인식한다. 이 시기에는 놀잇감이 충분하면 다툼이 거의 없다. 블록, 색칠공부 도안, 소꿉놀이 모형 음식 등이 충분하면 아이들은 대화 없이, 혹은 각자 하고 싶은 말만 하며 놀이에 몰두한다. 이를 통해 아이들은 자연스럽게 공간 공유의 개념을 배워간다.

5단계: 연합놀이

연합놀이 단계에서 아이들은 서로 대화하며 같은 놀이를 하지만, 아직 조직화된 규칙이나 뚜렷한 목표는 없다. 예를 들어, 축구를 할 때 무리지어 공을 쫓아다니거나, 술래잡기를 하면서도 누가 술래인지 모른 채 뛰어다닌다. 규칙에 대한 이해가 부족해 다툼이 잦다. 이 시기에는 학부모들로부터 "○○이가 ~를 못 해서 속상해해요" 같은 말을 자주 듣는다.

연합놀이를 통해 아이들은 나누기, 차례 지키기, 기다리기, 협력 등 기본적인 사회성을 익힌다. 또한 다양한 감정을 인식하고, 이해하고, 조절하는 법을 배운다. 단순히 함께 뛰어노는 것을 넘어 "내가 수비를 해야 하는구나", "내가 지금 공격을 해야 하는구나", "골키퍼는 골대 앞에 있어야 하는구나" 등 각자의 역할과 책임을 깨달아간다.

연합 놀이가 시작되는 만 4세는 가장 담임을 맡기 힘든 시기이다. 만 3세는 아직 아기 같고, 만 5세는 학령기 아이들처럼 지시를 잘 따르지만, 만 4세는 마치 정글의 야생동물과 인간 사회가 혼재된 듯하다. 규칙을 아는 아이와 모르는 아이가 섞여 있어 갈등이 잦다. 싸우면 안 된다고 배웠기에, 누군가 규칙을 어기면 바로 선생님에게 알리려 한다. 교실 규칙을 함께 만들어도, 지키는 아이와 그렇지 않은 아이가 공존한다. 만 4세는 유아기와 학령기의 경계에 놓인 아이들이다.

6단계: 협동놀이

협동놀이는 주로 만 4세 이상의 아이들에게 나타난다. 이 단계에서 아이들은 팀을 이루어 공통의 목표와 규칙을 가지고 조직적인 놀이를 한다. 역할놀이, 보드게임, 팀 스포츠 등이 대표적이다. 이런 놀이를 통해 아이들은 사회성과 문제해결 능력을 키운다.

협동놀이에서 아이들은 자신의 역할에 대해 의견을 나누고 설명하며 협의한다. 개인 성과보다는 팀 승리를 위해 역할을 나누고 협력하는 과정에서 대화 능력이 발달한다. 또한 다른 사람의 입장을 이해하는 능력과 자신의 역할에 대한 책임감도 기를 수 있다.

놀이 발달 속도는 아이마다 다르다. 형제자매나 또래와 자주 어울리는 아이들은 협동놀이 단계에 빨리 도달할 수 있다. 하지만 놀이 발달 단계를 건너뛰는 것은 사실상 불가능하다. 특정 단계를 빨리 지나갈 수는 있지만, 각 단계에서 얻을 수 있는 경험과 기술을 놓치게 된다. 예를 들어, 무목적놀이 시기에 아이들은 다양한 감각 자극을 경험하고 몸의 움직임과 조절 능력을 발달시킨다. 이를 통해 자신의 신체와 움직임에 대한 인식을 높이고, 그 바탕 위에서 다음 단계로 나아간다.

극단적인 책 육아나 과도한 미디어 노출로 자란 아이들은 자기 주도적 놀이와 몰입이 어렵다. 이런 아이들은 교실을 정처 없이 돌아다니며 교구를 겉핥기식으로 만지기만 한다. 결국 책장만 휙휙 넘기며 자유놀이 시간을 보내게 된다.

교사 주도 수업에서는 열심히 참여하던 아이가 자유놀이 시간에 어찌할 바를 모르는 경우도 있다. 자유놀이가 어려운 이유는 아이 스스로가 놀이의 주체가 되어야 하기 때문이다. 예를 들어, 동물이 주제라면 아이들은 블록으로 농장을 만들고 동물 피규어를 배치하며 놀이를 만들어간다. 어떤 아이는 농장과 야생동물을 구분하는 데 집중할 수도 있다. 하지만 놀이 경험이 없는 아이들은 기관에서 무엇을 해야 할지 모른다. 자신의 생각을 블록으로 표현하는 것조차 어려워한다.

최근 조기교육과 과도한 미디어 노출로 아이들의 놀이 수준이 전반적으로 떨어졌다. 이런 아이들이 나중에 상대방의 다른 환경을 이해할 수 있을까? 친구와의 갈등을 적극적으로 해결할 수 있을까? 조기교육으로 인지발달은 빨라졌을지 몰라도, 사회성이나 비인지적 발달은 오히려 뒤처졌다. 결국 놀이로 자연스럽게 배워야 할 것들을 놀이 '치료실'에서 배우는 아이러니가 벌어진다.

아이의 성장과 자율성: 에릭슨의 발달 단계 이해하기

에릭 에릭슨의 심리 사회적 발달 이론은 유아교육에서 중요한 위치를 차지한다. 이 이론은 인간의 발달이 전 생애에 걸쳐 이루어지며, 8단계를 거치면서 각 단계마다 특정한 과제를 해결해야 한다고 주장한다. 유아교육에서는 주로 앞의 3단계에 초점을 맞춘다.

1단계: 신뢰 vs. 불신 (0~1세)

이 시기에 아기는 주 양육자와의 상호작용을 통해 세상에 대한 기본적인 신뢰를 형성한다. 일관된 돌봄과 사랑을 받으면 신뢰감이 생기지만, 그렇지 못하면 불신이 자리 잡는다. 예를 들어, 아기가 울 때마다 적절히 반응해주면 아기는 세상이 안전하다고 느낀다.

2단계: 자율성 vs. 수치심 (만 1~3세)

이 시기 아이들은 스스로 무언가를 해내려는 강한 욕구를 보인다. 성공하면 자율성을 얻지만, 실패하거나 지나치게 억제되면 수치심과 의심을 느낀다. "은우가~ 은우가~!"라며 바쁜 와중에 혼자 신발 신겠다고 고집부리는 모습이 전형적이다. 이때 부모가 너무 개입하거나 통제하면 아이는 자신감을 잃을 수 있다. 반면, 적절한 지원과 격려는 아이의 자율성과 독립심을 키우는 데 도움이 된다. 이 과정에서 아이는 더욱 적극적이고 능동적으로 자신을 표현한다.

3단계: 주도성 vs. 죄책감 (만 3~6세)

유치원 시기에 해당하는 이 단계는 놀이의 중요성이 두드러진다. 아이들은 스스로 계획하고 목표를 세우며 주도성을 발휘한다. 친구들과 놀이를 계획하고 역할을 분담할 때, 부모나 교사의 지지와 격려가 중요하다.

예를 들어, 아이가 새로운 게임을 만들거나 이야기를 지어낼 때 부모가 함께 참여하고 긍정적으로 반응해주면 아이의 주도성이 잘 발달한다. 반면 "하지 마!", "그건 너무 위험해"와 같은 과도한 제재나 비판은 아이에게 죄책감을 심어주고 새로운 시도를 주저하게 만든다.

이 시기 아이들은 친구들과 어울리며 자신만의 놀이를 만들고 자신감을 키워간다. 스스로 판단하고 결정하면서 놀 기회를 충분히 갖는 것이 중요하다. 그렇지 못하면 아이는 죄책감을 느끼고 주도성 발달이 지체될 수 있다.

에릭슨의 발달 이론에 따르면, 각 단계는 특정 시기에 경험되며 순차적으로 진행된다. 3단계 없이 4단계로 넘어갈 수 없다는 것이다.

4단계: 근면성 vs. 열등감 (만 6~12세)

학교생활을 통해 아이는 성취감을 느끼고 근면성을 발달시킨다. 이 단계에서 아이는 자신의 능력과 생산성을 경험한다. 학업이나 운동에서의 성공이 아이의 노력과 사회적 유능감, 도전 정신을 키운다. 어릴 때부터 "잘 노는 아이가 공부를 잘한다"는 말이 괜히 나온 것이 아니다.

누리과정은 전인교육을 목표로 한다. 운동 및 건강, 의사소통, 사회관계, 예술 경험, 자연탐구 영역을 포함한다. 일반 유치원은 누리과정과 함께 특색 있는 교육과정을 진행하는데, 프로젝트 수업, 숲 활동, 몬테소리 활동, 세로토닌 활동 등이 대표적이다. 최근에는 자유 놀이와 프로젝트 수업을 병행하는 커리큘럼이 늘어났다.

전인교육은 일상 속 문제 해결 능력을 키운다. 아이들은 현실적인 문제를 해결하면서 비판적 사고력을 기르고, 정보 수집과 재가공 능력을 익힌다. 이 과정에서 협력의 기초를 배우고 경험한다. 전인교육은 성인이 되어 사회생활에 필요한 능력을 키우는 데 중요하다. 따라서 이 시기에 영어 교육에 과몰입하는 것은 바람직하지 않다.

전인교육은 개인별 맞춤 학습을 제공하여 학업성취도에 긍정적 영향을 준다. 유아기 뇌는 안전함을 느끼고 타인과 연결됐다고 느낄 때 성장한다. 사회 감정 학습과 전인교육이 함께 이뤄질 때, 아이는 자신을 긍정적으로 바라보게 되고 자신감과 사회적 책임감이 높아진다.

영어 유치원 vs 일반 유치원: 아이에게 정말 필요한 것

유치원의 실제 환경부터 살펴보자.

유치원 교실은 언어영역, 수영역 등 다양한 교구가 배치된 공간이다. SNS에서 판매하는 조잡한 교구보다 훨씬 질 좋고

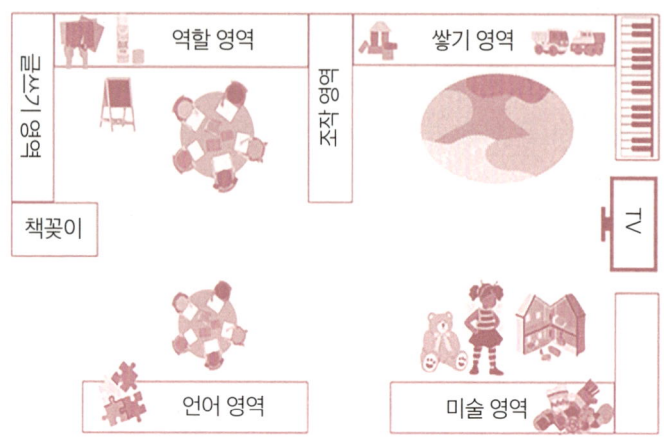

유치원 반 구성

검증된 도구들이 아이들의 발달 수준에 맞게 구비되어 있다. 한쪽에는 종이블록, 자석블록, 레고, 인형, 동식물 피규어 등 자유 놀잇감이 있어 놀이를 확장할 수 있다. 선생님들은 아이들의 관심사에 따라 이런 영역들을 주기적으로 재구성한다.

하지만 이렇게 잘 꾸며진 환경에서도 뭘 해야 할지 모르는 아이들이 있다. 이럴 때 교사는 다양한 놀이 방법을 알려준다. 예를 들어 단순히 구슬 굴리기에서 시작해 레고로 구슬 트랙을 만드는 등 놀이를 확장하며 아이가 놀이에 몰입하도록 이끈다.

누리과정은 초등 교육과 달리 정형화된 학습 목표를 설정하지 않는다. 이는 아이들의 변화하는 관심사에 즉각 대응할 수 있는 장점이 있다. 반면 영어 유치원은 아이가 주도하여 문제를 해결하는 과정을 배우는 것이 아니라 주로 강사 주도의 수업을 진행한다. 하지만 중고등학교 교육을 9년 앞당긴다고 해서 반드시 좋은 결과가 나오는 것은 아니다.

아기가 뒤집고 – 기고 – 걷고 – 뛰고의 발달 과정을 거치는 것처럼 아이는 자신만의 발달 과정이 있다. 자신이 속한 사회를 이해하고, 공동체 생활 속에서 감정을 조절하며 자신이 처한 문제를 스스로 해결하는 과정에서 아이의 그릇이 커진다.

미취학 아동 시기는 단순히 읽기를 배우는 때가 아니라, 직접적인 자극으로 전두엽을 발달시켜야 하는 때다. 이 시기의 자극은 비싼 체험학습이 아니라 일상생활 그 자체에서 나온다. 씻고, 밥 먹고, 등원하는 과정, 자연에서 노는 시간 등 아이의 삶과 밀접한 일상 경험이 중요하다. 책을 통한 간접적인 자극이나 문화센터의 인위적인 오감놀이 자극이 아니다. 자연과 일상에서 아이의 삶과 밀접한 영향력이 있는 생활을 하며 느끼는 것이다.

우려되는 점은 일반 유치원과 어린이집도 지나치게 많은 프로그램을 도입하고 있다는 것이다. 초저출산으로 타격을 입은 영유아 기관들이 영어 유치원과 경쟁하느라 다양한 프로그램을 진행한다. 심지어 국공립 어린이집도 특성화 수업으로 가득 차 있다.

많은 유치원과 어린이집은 외부 강사가 주도하는 '가르치는' 시스템으로 변하고 있다. 외부 강사의 수업으로 빽빽한 시간표 속에서 담임교사가 아이들과 깊이 있는 놀이와 프로젝트를 진행할 여유가 있을지 의문이다.

첫째가 다녔던 대학 부속 유치원은 오전 수업 이후 오후에 30분씩 영어 특성화 수업을 했다. 이 유치원은 "아이들 발달 과정에 어긋나는 기능수업을 하지 않는다"라는 원칙을 고수했다. 영어 수업도 춤, 노래, 원서 반복 청취와 낭독으로만 구성됐다.

반면 대부분의 사립 유치원은 학부모의 요구로 더 많은 교사 주도 학습을 제공한다. 영어, 역사, 과학 실험, 교구 수학, 한글, 체육 등 다양한 수업이 빼곡히 들어차 있다. 과연 아이들이 이 모든 것을 소화할 수 있을까?

첫째의 특성화 수업이 영어 한 과목뿐이었음에도, 아이의 질문 수준은 인지적으로 더 깊어졌다. 한글, 수학, 영어는 물론이고 자신이 살고 있는 세상에 대해 주도적으로 학습을 시작했다.

예를 들어, "100명의 위인들" 노래에 나오는 인물들에 대해 자세히 알고 싶어 했고, 도안 없이 레고로 거북선을 만들었다. 선거 기간에는 반장 선거에 관심을 가졌고, 지구의 날에는 환경 보호 방법과 이상기후의 원인을 이야기했다.

　이렇듯 아이는 아이가 속한 지역과 세상에 더 많은 관심을 가지고 탐색하고, 검색해보고, 관련된 책을 찾으러 가자고 말했다. 자신이 배운 지식이 실제 세상과 연결된다는 것을 깨닫고 주도적으로 세상을 탐구하기 시작했다.

　아이는 하원 시 "엄마, 오늘 왜 이렇게 일찍 데리러 왔어. 나보다 더 깊은 구덩이를 만들고 있었단 말이야!"라고 아쉬워했다. 그럴 때마다 "내일 가서 놀이 마무리해"라고 격려했다. 이후 아이는 저녁에 다음 날 유치원에서 할 놀이를 계획하고, 아침에 그 계획을 되새기며 등원했다. 하원 후에는 계획한 놀이를 모두 했는지 스스로 점검하고, 못한 경우 그 원인을 분석하고 수정했다. 이는 최상위권 학생들이 갖춘 자기 주도 학습 습관의 첫걸음인 '계획 세우기'의 시작이었다.

　중학교 내신이 선생님 말씀을 얼마나 성실하게 들었는지에 대한 평가라면, 고등학교 내신은 얼마나 틀리지 않는가의 싸움이다. 영어 유치원을 나오고 상위권 학원에서 초등 6년을 버틴 학생들은 이미 미국 중고등학교 수준의 영어 읽기와 쓰기 능력을 갖추고 있다. 상식적으로 이들은 더 쉬운 고등학교 내신 시험에서 만점을 받아야 하지만, 실제로는 대부분의 학생이 객관식에서 한두 개를 틀리고, 서술형에서도 실수로 감점을 받는다.

이런 상황에서 미취학 아이부터 영어를 극단적으로 선행학습 시켜야 할 이유가 있을까? 각 교과목에 편성된 약 3개의 수행평가는 전인교육을 통한 실생활 문제해결 능력 함양이 어린 시절부터 필요한 이유를 잘 보여준다. 수행평가의 탐구서나 보고서는 배운 지식을 사회문제와 연결해 자신만의 해결 방안을 논문 형식으로 제시하는데, 이는 전인교육과 프로젝트 수업과 유사하다.

일부에서는 내신 시험이 영어 유치원을 나오고 사교육을 잘 받은 아이들에게 유리하다고 주장한다. 하지만 고등학교 내신 점수에 포함되는 수행평가와 중간/기말고사는 학부모나 학원 선생님이 도와줄 수 없다. 학원에서도 어느 정도 예상은 가능하지만, 수행평가와 내신을 출제하는 선생님의 의도를 완벽히 파악하기는 어렵다. 교과 선생님이 수업 시간에 중요하다고 언급한 내용은 그 자리에 있던 학생이 가장 잘 안다.

흔히 말하는 사교육을 통해 중위권에서 상위권으로의 진입은 가능할 수 있지만, 최상위권을 만들어내기는 어렵다는 말이 여기서 나온다. 스스로 계획하여 공부하는 최상위권 학생들을 만들어낼 수 있는 사교육은 없다. 결국, 진정한 학업성취는 학생 개인의 자기주도적 학습능력과 수업 참여도에 달려 있다고 볼 수 있다.

일상의 작은 순간이 만드는 큰 차이

첫째를 낳고 조리원에 있을 때, 처음으로 영업사원들이 진행하는 각종 수업을 들었다. 초점책을 만들며 책육아에 대한 이야기를 들었는데, 그들은 선진국에서는 이미 책 읽어주기가 문화라고 강조했다. 옆에서 수업을 듣던 신생아 엄마들은 몇백만 원짜리 전집과 교구를 할부로 구매했다.

아이를 키우며 시작한 인스타그램 속 세상은 책육아 열풍이 더욱 심했다. 36개월도 안 된 아이와 함께 전집을 몇백 권씩 읽고 인증하는 '챌린지'가 유행했고, 엄마들은 하나라도 더 가르쳐주기 위해 스터디에 참가하고 관련 워크시트를 아이와 함께했다. 그러나 영유아기는 본질적으로 엄마와 뒹굴며 놀고, 산책하고, 만들기와 블록 놀이를 충분히 즐겨야 할 시기다. 이런 시기에 책육아와 교구 수업이 이토록 각광받으며 '아무것도 안 하는 엄마'라는 죄책감을 키우는 현상은 다시 생각할 필요가 있다.

나는 미국에서 유아교육(K-3)을 전공한 덕분에 대법관, 의사, 은행 사장, 다국적기업 부사장 등 다양한 상류층 가족의 베이비시터로 일하며 그들의 가정환경과 양육법을 관찰할 수 있었다. 그들의 집에도 우리나라처럼 책이 많았을까? 책은 많았지만, 대부분 부모의 책이었다. 아이들 방에는 고작 공간박스 6개 정도의 책장에 몇 권의 책만 꽂혀 있을 뿐이었다. 우리나라의 열정적인 엄마들이 보면 "애를 그렇게 방치하시면 안 돼요"라고 할 정도였다.

내가 돌봤던 아이들의 일과는 현재 우리나라에 유행하는 책 육아나 교구 활동과는 거리가 멀었다. 이 아이들의 일과는 주로 운동으로 빽빽하게 채워져 있었다. 학교가 끝난 후 체조, 라크로스, 테니스, 수영, 축구 등 강도 높은 운동을 매일 했다. 학령기(만 5세)부터는 학교에서 피아노, 바이올린, 첼로 등의 악기를 배우기 시작했다. 오후 4시쯤 귀가해 뒷마당에서 더 놀거나 샤워를 하고 TV를 보며 숙제나 만들기를 했다. 그리고 잠자기 전 20~30분 정도 책을 읽는 것이 전부였다.

우리 어린 시절을 돌이켜보자. 거실 전면에 책이 빽빽하게 꽂혀 있던 집이 있었나? 대부분 거실엔 TV가 켜 있었고, 책은 "그리스 로마 신화"나 "먼나라 이웃나라", 세계문학전집 같은 유명 전집 몇 질이 전부였다. 지금처럼 책으로 숨 막힐 정도는 아니었다. 도서관도 초중학교에만 있었지, 영유아 전용 도서관 같은 건 없었다. 그때는 한글 떼고 초등학교 가서 책 읽기 시작해도 됐다. 그렇다고 우리 세대가 문해력이나 독해력에 큰 문제가 있던가?

영업사원들은 신생아 때부터 책을 읽어주라고 강조한다. 하지만 실제로 신생아에게 책을 많이 읽어준다고 해서 언어 발달이 빨라지진 않는다. 오히려 대근육 발달이 인지발달과 더 밀접한 관련이 있다. 연구에 따르면 걷기 시작하면 언어도 발달하고, 팔 운동을 하면 옹알이도 늘어난다. 똑바로 앉을 수 있어야 사물 인식도 제대로 된다. 결국 책보다는 아이가 오감으로 세상을 탐험하는 게 언어와 인지 발달에 더 중요하다.

본격적인 독서는 초등학교에 가서 시작해도 충분하다. 그전에 부모가 온갖 스터디에 참가하며 독후활동 인증에 매달릴 필요는 없다. 하루 20~30분 정도 그림책을 매체로 상호작용 하는 것만으로도 충분하다. 책육아보다는 부모와의 대화, 바깥에서 뛰어노는 게 언어 발달에 더 좋다. 굳이 독후 활동을 하고 싶다면 책 내용을 현실과 연결해보자. 공룡 책을 읽었다면 자연사 박물관을 방문하고, 아이스크림 책을 읽었다면 실제 아이스크림 가게에 가보는 방식이다. 이런 게 더 의미 있는 독후 활동이 될 수 있다.

90년대까지만 해도 어린이집은 지금처럼 필수가 아니었다. 대부분은 5살까지 집에서 자랐고, 가족은 보통 4명이었다. 엄마들은 이웃집에 놀러가거나 품앗이를 했다. 함께 김장하고, 차 마시며 반상회도 했다. 덕분에 다양한 나이대의 아이들이 한 집에 모여 놀았다. 아이들은 어른들의 대화를 듣고, 언니 오빠들의 놀이를 배우고, 동생들에게 가르쳐주며 서로 영향을 주고받았다.

하지만 지금은 상황이 다르다. 핵가족화로 이웃과의 교류가 줄었고, 대부분 엄마가 일하면서 아이들은 어린이집에 간다. 그곳에선 또래들만 만난다. 책과 미디어로 다양한 언어를 접하긴 쉬워졌지만, 실제 의사소통으로 자극을 주고받을 기회는 오히려 줄었다.

대한소아청소년협회는 이렇게 달라진 환경이 "아이를 외부 세계로부터 고립시킨다"라고 우려한다. 정보는 많아졌지만 진정한 소통은 줄었다는 것이다. 부모와의 충분한 대화가 아이의 언어 발달에 핵심적인 역할을 하는데, 현대의 아이들은 주로 콘텐츠를 일방향적으로 소비하는 데 그치고 있다.

1995년 하트와 레즐리의 연구는 가정환경에 따른 언어 노출의 격차를 실증적으로 보여준다. 저소득층 가정의 아이들은 하루 평균 616개의 단어를 접하는 데 비해, 평균 가정은 1,251개, 전문직 가정은 2,153개의 단어를 접하는 것으로 나타났다. 더욱 주목할 점은 단순한 단어 노출량이 아닌 부모의 반응 방식이다. 아이의 말에 적극적으로 반응하는 부모를 둔 아이들이 지능과 어휘력 테스트에서 더 우수한 성적을 거두었다.

하루 2~3시간 책 읽어주는 것보다, 부모와의 풍부한 상호작용이 아이 언어 발달에 더 중요하다. 그런데 왜 TV 보는 것처럼 책만 읽어주며 일방적인 소통을 할까? 아이에겐 책보다 부모와의 눈 맞춤, 스킨십, 즐거운 대화가 훨씬 중요한데 말이다. 이런 애착 관계와 비인지능력이 탄탄한 기반이 되어야 인지 발달도 잘 된다.

영어 학습의 최적 환경 이해하기

한국에서 아이들이 영어를 배우는 환경은 EFL_{English as a Foreign Language}, 즉 외국어로서의 영어 환경이다. 영어가 우리 일상에서 자주 쓰이지 않기 때문에, 주로 학교나 학원처럼 제한된 공간에서만 영어를 접한다.

반면, 미국에서 영어를 배우는 아이들은 ESL_{English as a Second Language}, 즉 제2언어로서의 영어 환경에 놓여 있다. 이들은 집 밖을 나서면 영어 간판을 보고, 친구들과 영어로 대화하며, 학교 수업도 영어로 진행된다. 이렇게 일상 전반에서 자연스럽게 영어에 노출되는 것이 ESL 환경의 특징이다.

이 두 환경의 차이를 이해하는 것이 중요하다. EFL 환경은 ESL과 달리 모국어 사용 비중이 훨씬 높다. 따라서 EFL 환경인 한국에서는 성인이 될 때까지 지속적이고 꾸준한 '영어 노출'이 필요하다.

언어 습득의 결정적 시기의 존재에 대해 학자들은 대체로

동의하지만, 그 시기가 언제인지는 의견이 분분하다. 영어 발음만큼은 조기 교육이 효과적이라고 하지만, 언어는 발음만으로 완성되지 않는다. 최근 연구에 따르면, 고등학교와 대학에서 오래 공부할수록 언어 이해를 담당하는 베르니케 영역의 수상돌기가 더 길어진다고 한다.

베르니케 영역은 측두엽 뒤쪽에 자리 잡고 있으며, 언어를 이해하고 해석하는 역할을 한다. 우리가 누군가의 말을 들으며 "논리적이고 조리 있게 말 잘하네!"라고 느낄 때 작용하는 능력이다. 반면 브로카 영역은 언어의 생성과 표현을 담당한다. 브로카 영역이 손상되면 말을 더듬거나 문법적으로 부정확한 문장을 말하게 되지만, 다른 사람이 하는 말을 이해하는 데는 어려움이 없다.

두 영역 모두 유아기 때만 발달하는 것이 아니라 미취학 시기를 지난 이후, 심지어 성인이 된 후에도 충분히 발달하고 언어 능력을 키울 수 있다. 예를 들어, 미국에서 저소득층의 교육 격차를 줄이기 위해 시작된 헤드스타트(미취학 연령) 프로그램이 있다. 이 프로그램은 저소득층 아이들에게 0세에서 5세까지 다양한 프로그램을 제공하며, 일반 유치원보다 더 폭넓은 교육을 한다. 부모 교육과 같은 참여 행사, 전반적인 영양 실태 파악, 초등학교 준비를 위한 학습 등 여러 프로그램이 진행된다. 이를 통해 헤드스타트 프로그램은 중산층 가정과 유사한 지적 자극과 영양 상태를 제공하려고 한다. 그러나 공립 교육 기관에 들어간 이후에도 지속적인 노력이 없으면 언어 능력과 지능 점수가 다시 감소한다. 이와 같은 조사 결과는 어릴 때부터 풍부한 언어 환경을 제공하는 것이 중요하지만, 유아기와 학령기에도 꾸준한 자극이 필요하다는 것을 보여준다.

지금까지 논의를 영어 유치원에 적용해보자. 영어 유치원에서 하루 8시간씩 영어에 노출하던 아이가, 초등학교에 가면 영어 노출 시간이 주 6시간 정도로 줄어든다. 특히 초등학교 4~5학년부터 수학을 본격적으로 시작하면서 영어 노출이 훨씬 더 줄어들어 읽기, 단어의 양, 쓰기 등에서 영어 유치원 졸업 여부를 확인하기 어려울 정도가 된다. 어릴 때 '습득'한 만큼 학령기부터는 더 빠르게 '학습'할 수 있다. 따라서 영어 유치원의 효과를 지속하려면 졸업 후에도 뛰어난 학생들이 있는 학원에서 중학교까지 습득과 학습을 병행해야 하는 것이다. 하지만 이러한 강도 높은 스케줄을 견딜 수 있는 아이들은 극소수에 불과하다.

3
영어 스트레스, 제로로 만드는 비밀

조기 교육의 함정: 서두르면 더 늦어지는 이유

"선생님, 서아가 요즘 유치원 수업에 따라가지 못하는 것 같아서 연락드립니다. 담임 선생님이 7월부터는 짧은 단어 정도는 읽을 수 있어야 한다고 하시네요. 반에서 서아만 아직 못 읽는다고 하십니다. 진도를 좀 빨리 나갈 수 있을까요?"

서아의 부모님은 두 분 모두 대학교 교수로 맞벌이를 하고 있었고, 주로 외할머니가 서아를 돌보았다. 4살까지 국공립 어린이집을 다녔고, 5살부터 영어 유치원으로 옮겼다. 그전까지 영어 노출은 어린이집 특강이 전부였다. 어머니의 말씀에 따르면 '운 좋게도' 반포동에서 읽기를 가장 강조하는 영어 유치원에 들어갔다고 한다. 이 유치원은 극단적인 선행 학습으로 유명했고, 엄마들은 그런 커리큘럼에 열광했다.

서아는 5살 3월에 영어 유치원을 시작했고, 4월부터는 집에서 할 쓰기 숙제가 주어졌다. 5월부터는 강당에서 다른 친구들 앞에서 발표하는 "쇼 앤 텔"Show and Tell이 시작되었고, 6월부터는 한국어를 전혀 쓰지 못하게 하는 "한국어 사용 금지 정책"No Korean Policy이 시행되었다. 7월부터는 'cat'이나 'dog'과 같은 간단한 단어를 읽어야 했다.

선행학습을 지나치게 강조하는 영어 유치원은 아이의 발달 과정을 고려하지 않는 경우가 많다. 이런 극단적인 선행을 따라가지 못하는 아이들이 생기는 것은 당연하다. 한 예로, 어떤 유치원에서는 선행학습을 따라가지 못해 4월과 6월에 각각 두 명씩의 남자아이가 중도에 그만두었다. 결국 선행학습을 선호하는 엄마들과 따라갈 수 있는 아이들만 남게 되는 셈이다.

서아도 점점 영어 수업 시간을 거부하기 시작했다. 이런 환경에서는 아이들이 영어에 부정적 감정을 품게 된다. 5살 아이가 수업 시간 내내 몸을 베베 꼬고, 자기 머리를 주먹으로 때리며 "이거 모르겠어요"라고 말하는 모습도 가끔 목격한다. 7살 아이에게 declare, communism, democracy 같은 추상적인 단어를 가르치는 것이 과연 효과적일까 의문이 든다.

선행을 강조하는 영어 유치원은 진도를 나가는 것에만 집중한다. 아이가 내용을 제대로 이해하고 따라갈 수 있도록 돕는 일은 결국 부모나 과외 선생님의 몫이 된다. 이런 학원은 아이들의 관심을 끌기 위해 주로 재미있고 자극적인 활동을 중심으로 수업을 구성한다. 가령 알파벳을 오려 붙이고, 유튜브로 알파벳을 배우는 식이다. 하지만 5살 아이가 알파벳 그림을 자르고 붙인다고 해서 그 알파벳이 자기 것이 되는 게 아니다. 집에서 엄마와 숙제 선생님과 함께 소화해내야 하는 과정은 아이에게 여전히 압박과 스트레스를 준다.

어떤 일에 호감을 느끼면 세로토닌과 엔도르핀 같은 긍정적인 호르몬이 분비되어 우리를 즐겁게 만든다. 덕분에 재미있는 축구, 레고, 디폼 블록과 같은 활동은 몇 시간씩 지속적으로 할 수 있다. 그러나 비호감을 느끼는 대상에서는 스트레스를 유발하는 부정적인 호르몬이 분비되고, 우리는 그 대상을 회피하려고 한다. 만약 영어의 시작과 학습이 아이의 능력 밖의 일이고, 아이에게 주로 스트레스를 주는 대상이 된다면, 아이의 뇌는 영어를 기피하기 시작할 것이다. 영어를 좋아하고 잘하는 아이라면 만 3세부터 영어 유치원을 가는 것도 괜찮다. 그 어린 나이에 앉아서 영어를 읽고 쓰는 것을 좋아하는 아이가 있을 수 있지만, 문제는 그 아이가 대부분 내 아이가 아니라는 데 있다.

자연스러운 영어 습득, 이렇게 시작하세요

영어 유치원에 자녀를 보내는 부모들과 상담하면서 흥미로운 공통점을 발견했다. 대부분 자녀가 영어 유치원에서 영어를 '자연스럽게 습득'할 것이며, 졸업 즈음에는 영어 읽기를 독립적으로 수행하여 AR 3점대● 어학원에 입학할 수 있을 것이라 굳게 믿는다. 영어 유치원들은 이러한 학부모들의 기대에 부응하고자 만 7세부터 아이의 인지 수준을 뛰어넘는 표현력 개발을 위해 쓰기 학습을 강화한다.

물론 가정에서 영어 영상물을 통해 듣기와 말하기 능력을 자연스럽게 습득할 수는 있다. 그러나 읽기와 쓰기는 여전히 체계적인 학습이 필요한 영역이다. 한국인이라면 누구나 모국어로 듣고 말하는 것은 자연스럽게 할 수 있지만, 읽고 쓰는 능력은 별도의 학습 없이는 습득하기 어려운 것과 같은 이치다. 한글은 부모가 직접 가르칠 수 있지만 영어는 그렇지 못하기에 학원을 선택하는 것이다. 그런데 한글 읽기 독립이

● AR(Accelerated Reader)은 영어 도서의 난이도와 학생의 독해력을 측정하는 지표 시스템이다. 점수는 가장 쉬운 0.1부터 가장 어려운 20.0까지 분포하며, 일반적으로 학년과 AR 지수가 연계된다. 예를 들어 1학년은 1.0-1.9, 4학년은 4.0-4.9와 같이 해당 학년 숫자와 비슷한 수준을 보인다. 3점대는 초등학교 중급 수준의 영어 독해력을 의미한다.

초등학교 2학년의 목표인데 반해, 영어는 만 7세에 읽기 독립을 목표로 한다는 점은 매우 아이러니하다.

아이의 발달 과정을 고려하지 않는 학습은 스트레스의 원인이 된다. 학원은 아이의 뇌가 학습 준비가 되었을 때 보내는 것이 바람직하다. 그전에는 보육 개념으로 접근해야 하며, 너무 이른 학습 목표는 아이와 부모 모두에게 부담이 될 수 있다.

최근 많은 학부모들은 마치 입시가 초등학교 5학년에 끝나는 것처럼 영어 유치원부터 전속력으로 달리기 시작한다. 4살 아이의 5살 영재 영어 유치원 입학시험 준비 상담이 일상이 된 시대다. 하지만 초등학교부터 대학 입시까지는 최소 12년의 기간이 소요된다. 전문가들은 아이들이 공부에 전력을 다할 수 있는 기간을 최대 6년 정도로 본다. 10년 넘게 욕구와 욕망을 절제하기는 누구에게나 어려운 일이다.

유아기 영어 교육, 특히 영상 시청이나 원서 읽기 등은 스트레스를 최소화하면서 영어에 노출하는 방법은 맞다. 하지만 이는 영어 학습의 초기 단계일 뿐이다. 3~7살 때의 영어 노출은 향후 본격적인 학습에 들어갈 때 진입 장벽을 낮추는 정도의 역할을 한다.

3학년 이전에 영어 노출이 전혀 없었던 아이는 주로 발음면에서 불리할 수는 있다. 하지만 글로벌 시대에 발음만으로 영어 능력을 평가하는 것은 적절치 않다. 발음이 좋으면 좋겠지만, 더 중요한 것은 말하는 내용과 사회적 센스, 즉 유머다. 따라서 아이의 전반적인 언어 능력과 사고력 발달에 초점을 맞추는 것이 더 중요할 수 있다.

개인적으로 윤여정 배우나 축구 선수 즐라탄의 영어 인터뷰를 좋아한다. 윤여정 배우의 인터뷰를 들어보면 발음은 한국식일지라도 그 내용 속에 유머와 해학을 충분히 전달하고도 남는다. 실리콘 밸리에서는 인도 영어가 자주 들리고, 국제 금융 도시인 싱가포르의 은행에서는 싱글리시로 소통하는 시대다. 말레이시아에서는 말레이와 영어가 공식 언어로 사용되며, "Stand far-far can" 같은 문장이 공항 광고판에도 적혀 있다(말레이시아식 영어로 "거리를 두고 서 있을 수 있다"는 의미의 현지화된 영어 표현이다).

영어는 자신만의 생각과 개성을 표현하는 도구가 되어야 하며, 단순히 영어만 잘하는 것은 번역기의 역할에 그치고 만다. 봉준호 감독은 2020년 아카데미 시상식 감독상 수상 소감에서 "가장 개인적인 것이 가장 창의적인 것이다"The most personal is the most creative라고 말했다. 이는 마틴 스코세이지 감독의 말로 알려져 있지만, 실제로 스코세이지가 봉준호의 수상 소감처럼 정확한 표현을 사용한 적은 없다.

그럼 봉준호 감독이 지어낸 걸까? 스코세이지 감독은 같은 맥락으로 그의 수많은 책에서 이야기했다. 가령 2019년 11월

《뉴욕타임스》 기고문에서 감독은 "최근 제작된 영화들에 대해 영화에 있어 핵심적인 어떤 것이 결여돼 있는데, 그건 한 예술가 개인의 통합적인 시선"이라고 썼다. 한 평론가는 스코세이지에 관한 책에서 이렇게 썼다. "영화는 개인의 시각을 반영해야 하며, 첨단 기술과 산업적 자원을 활용할수록 이는 더욱 중요해진다. 작가가 이러한 개인적 관점을 일관되게 유지할 때, 영화의 모든 요소—작은 제스처부터 한 줄의 대사까지—가 작가의 개인적 경험과 감정을 진정성 있게 담아낼 수 있다."

봉준호 감독은 이런 내용을 자신만의 언어로 정리하여, 아카데미 시상식에서 수상 소감을 발표한 것이다. 나는 우리 아이도, 다양한 정보를 얻고, 배우더라도 자신만의 언어로 재해석할 수 있는 깊은 사고력을 지녔으면 좋겠다. 그 과정에 영어가 있을 뿐이다.

영어는 도구일 뿐, 아이의 창의성과 호기심을 먼저 키우는 법

미국인과 비즈니스를 할 때 우리는 당연히 상대의 영어 실력이 뛰어날 거라고 생각한다. 하지만 인도네시아나 일본 같은 비영어권 국가의 파트너에게는 영어 또는 한국어의 완벽한 유창성을 기대하지 않는다. 대기업이라면 통역사를 두고, 그렇지 않은 경우라도 핵심 내용만 의사소통할 수 있으면 충분하기 때문이다. 결국 우리에게 필요한 영어는 도구로서의 영어다.

'영어는 도구'라는 말은, 영어를 통해 정보의 양과 질이 달라질 수 있다는 의미를 담고 있다. 구글에서 영어로 검색하면 더 다양한 정보와 기술을 얻을 수 있다. 하지만 그 정보를 정확하게 분석하고 내 것으로 만드는 능력이 없다면, 영어를 잘한다는 것이 무슨 의미가 있을까?

따라서 미취학 아동일수록 영어 아웃풋에 대한 조바심을 덜어낼 필요가 있다. 예를 들어, 영재 영어 유치원에서 7살에 독립선언문이나 흑인 노예해방을 공부한다 해도, 그것이 장기적으로 아이의 영어 실력과 인지적 발달에 얼마나 도움이 될까? 아이의 삶과 관련 없고 어려운 내용은 금세 잊히기 마련이다. 초등학교 4학년 정도 되는 나이여도 어학원에서 배운 단어를 금방 잊고, 두루뭉술하게 표현하는 경우가 많다. 그러니 실용 영어 완성이라는 목표에 너무 조급해할 필요는 없다.

"이 학원에서는 미국 교과서 3학년 수준을 배운다"는 식의 비교는 중요한 게 아니다. 오히려 아이가 즐겁게 자신의 세계를 만들어가고 있는지를 살피는 것이 더 중요하다. 아이가 무엇을 하며 놀이하는지, 어떤 질문을 자주 던지는지, 어떤 호기심을 키우고 있는지를 파악하는 건 학원을 비교하는 것보다 훨씬 어렵지만, 그만큼 아이의 인생에 더 큰 영향을 미친다.

영어 발음, 이것만은 꼭 알아두세요

영어는 아이의 일상생활에 자연스럽게 더해지면 된다. 엄마가 나서서 가르치면 엄마표 영어가 아닌 강사표 영어가 된다. 설렁설렁 편안하게 영어에 노출하는 것이 오히려 영어 발음을 향상 시킬 수 있다. 설거지하거나 요리하는 시간 동안 30분에서 1시간 정도의 영어 영상 노출만으로도 충분하다. 엄마가 옆에서 영어로 된 콘텐츠를 즐기는 모습을 보여주는 것도 효과적이다. 아이는 영어 영상을 통해 발음, 인토네이션, 단어의 의미를 자연스럽게 습득할 수 있다. 엄마와 함께 영어 노래를 부르거나 간단한 미드 대사를 흥얼거리는 것으로도 영어는 서서히 스며든다. 깊은 학습은 이를 위한 뇌가 충분히 발달한 이후에 시작해도 늦지 않다.

특이하게도 영국에서는 학교에서 '용인 발음'이라고 불리는 RP Received Pronunciation, 즉 표준 영어 발음을 가르친다. RP는 고급스럽고 교육받은 영국 영어로 인식되며, 우리가 BBC에서 들을 수 있는 발음이다. 그러나 영국에 가면 알 수 있듯이, 실제로는 훨씬 빠르고 다양한 억양으로 말한다.

　미국에서는 "표준"이 존재하지 않는다. 다양한 인종이 함께 사는 미국에서는 여러 가지 영어 악센트를 들을 수 있다. 대신 "일반 영어"General American라는 중립적이고 이해하기 쉬운 미국 영어 발음이 있다. 이 발음은 미국 전역에서 비교적 널리 사용되며, 지역적 색채가 덜하다. 영화 배우들이 일반 영어를 많이 사용하는 이유는 연기가 특정 지역에 국한되지 않고, 더 폭넓은 청중에게 이해되도록 하기 위함이다. 한국, 중국, 일본, 베트남, 인도, 싱가포르 등 다양한 악센트가 섞이더라도, 내가 하고자 하는 말을 기본적인 문법으로 전달할 수 있다면 충분하다.

우리도 모르게 하는 영어 가스라이팅

우리 아이는 영어 유치원에 가서 영어를 사용하는 것을 좋아해요. 한글보다 영어책을 더 선호하고, 종일 조용히 앉아서 책만 읽어요.

　부모님들의 이런 이야기를 들으면 마냥 좋아하기 어려울 때가 있다. 아이들은 저마다 다른 성향을 갖고 있으며, 약 30

퍼센트가 내향적 기질을 보인다. 이런 성향은 유전적 요소가 크다 보니, 내향적인 부모 밑에서 자란 아이도 비슷한 성향을 보이는 경우가 많다. 놀라운 건, 이런 내향적 기질이 생후 4개월 무렵부터 나타날 수 있다는 점이다. 만약 외향적인 부모 밑에서 내향적인 아이가 자라고 있다면, 아이의 언어 발달과 일과를 새롭게 바라볼 필요가 있다. 혹시 모르게 아이가 충분히 뛰어놀 기회를 빼앗고 있지는 않은지 돌아보는 것도 중요하다.

구글이나 네이버에서 "조용한 아이"를 검색해보면, 아이의 건강에 대한 걱정을 다룬 기사들이 주로 나온다. 그만큼 어린 아이들이 조용한 것은 흔치 않다. 최근 듀크 대학교에서 발표된 연구에 따르면, 영유아기의 아이들은 에너지를 아주 빠르게 소모한다. 이 시기 아이들은 신체적 발달과 뇌 성장, 호르몬 변화로 인해 활발히 움직인다. 그리고 뇌는 에너지의 43퍼센트를 사용한다. 이 정도로 높은 신진대사율은 5세까지 유지되며, 이후 서서히 감소하여 20세에 이르면 안정된다. 이처럼 아이들에게는 많이 움직이고, 경험하고, 노는 것이 본능이다. 만 5세 이후에 학교에 들어가는 데는 이유가 있다.

부모님들의 상담 내용을 들을 때 드는 걱정 중 하나는, 아이가 영어를 사용할 때 부모가 무의식적으로 과하게 반응하지 않았을까 하는 점이다. 우리는 아이가 한국어로 말할 때는 특별히 신경 쓰지 않지만, 영어를 사용하면 기뻐하며 동영상을 찍기도 한다.

아이에게 엄마는 세상의 전부나 다름없다. 아이는 엄마가 무엇에 기뻐하는지 본능적으로 알아챈다. 엄마가 자신의 영어 사용에 기뻐하면, 아이는 그 반응을 더 얻기 위해 영어를 더 사용하려 한다. 또한 부모가 영어를 사용할 때 더 밝고 긍정적인 태도를 보이는 경우도 있다. 영어로는 즐겁게 노래하고 놀아주면서, 한국어로는 수로 잔소리를 한다면 아이는 자연스럽게 영어에 더 끌리게 될 수 있다. 이런 상황이 지속되면 아이는 영어를 통해 부모의 관심과 사랑을 얻으려 할 수 있다.

유학 시절 "전쟁 중 대량학살"에 관한 수업을 들었던 날이 아직도 생생하다. 영어 실력이 괜찮았던 나조차도 4학년들의 열띤 토론, 윤리적 딜레마, 국제법 등이 뒤섞인 그 수업은 공포의 수업이었다. 학기 말에는 그 수업 전날부터 긴장감이 극에 달했다. 영어 유치원에 다니는 아이들도 이와 크게 다르지 않을 것이다. 낯선 언어로 종일 대화하고, 친구들과 경쟁하며, 월 발표회와 스펠링 테스트, 끊임없는 숙제를 즐길 수 있는 아이가 얼마나 될까?

영어 유치원 생활을 진정으로 행복해하는 아이는 대략 10명 중 1명 정도에 불과하다. 주로 기억력이 뛰어나거나 경쟁을 즐기는 아이들이다. 대부분의 아이들은 과도한 숙제에 압도되며, 단지 엄마의 흐뭇한 표정을 보며 힘을 내보려 할 뿐이다. 이러한 과정에서 누적되는 스트레스는 학교 입학도 하기 전에 아이의 뇌와 학습에 대한 정서를 손상시킨다.

미취학 아동의 영어 학습은 자연스러운 습득에 초점을 맞춰야 한다. 즐겁게 노래 부르기, 영어 동영상 1~2개 시청, 동화책 2~3권 읽기 정도면 충분하다. 본격적인 영어 학습은 학교 입학 후에 시작해도 늦지 않다. 듣기 능력이 충분히 쌓이면 말하기는 저절로 따라온다. 한글을 배운 후 영어 읽기를 시작하면 빠르게 습득할 수 있으니, 4살부터 무리하게 영어 학습에 매달릴 필요는 없다.

미취학 시기에는 오히려 아이의 전반적인 학습 능력을 키우는 데 집중해야 한다. 작은 성취감이 그 시작점이 될 수 있다. 처음에는 싫어하던 일이라도 한 번의 성공 경험이 긍정적인 감정을 불러일으킬 수 있다. 영어 단어 시험에서 좋은 점수를 받은 경험이 영어 공부를 계속 하게된 학습 동기가 되는 것처럼, 작은 성공이 큰 변화를 만들어낼 수 있다.

4
우리 아이에게 딱 맞는
영어 교육법 찾기

아이의 기질과 성향에 따른 맞춤 전략

다음은 실제로 받은 장문의 카톡 메시지이다. 이 아이에게 어울리는 기관은 어디일지 고민해보자.

저희 아들은 내년에 6살(만 4세)인데, 생일은 좀 늦은 편입니다. 성격은 외향적이며, 일유나 미술학원 등에서 적극적으로 참여하는 편이고, 경쟁심도 강합니다. 하지만 글씨 쓰는 것은 제가 억지로 시키지 않아서, 본인이 원할 때만 가끔 합니다. 알파벳과 숫자, 한글을 다 쓸 수 있긴 하지만 즐겨 하진 않아요.

규칙은 잘 지키고, 엉덩이가 무거운 편입니다. 약간의 완벽주의 성향도 있어요. 웩슬러 검사를 통해 상위 0.1퍼센트로 영재라는 평가를 받았습니다. 제가 가볍게 엄마표 영어 놀이를 해봤는데 아이는 잘 알아듣고 한국말로 대답합니다. 인지적으로 빠른 편이라 한글도 빠르게 떼었고, 파닉스도 무리 없이 배우고 있습니다.

내년부터 제 일이 바빠지고 둘째가 태어나면 아이를 충분히 돌보기 어려울 것 같아 영어 유치원을 고민하고 있습니다. 어떻게 생각하시나요?

이런 상담을 받을 때면 나는 항상 되묻는다. "유치원을 선택할 때 영어가 가장 중요한 기준이 되어야 할까요? 정말 그렇다면, 영어 유치원을 선택하는 것도 방법입니다. 하지만 유아기에는 영어보다 더 중요한 발달이 많습니다. 영어 유치원을 보내신다면, 하원 후에는 놀이를 통해 아이의 지적 호기심을 채우고, 친구들과의 사회성 발달에도 신경 써주세요. 그리고 영어 숙제에 집착하지 않겠다는 다짐도 함께 하셔야 합니다."

만 2세나 3세 아이를 둔 부모들이 가장 많이 고민하는 문제는 어린이집, 유치원, 영어 유치원 등 기관 선택이다. 요즘은 국제학교나 대안학교 등 다양한 교육 기관이 생겨 부모의 선택권이 더 넓어졌다. 처음 기관을 선택할 때는 어린이집이나 가정보육 중 하나만 결정하면 됐지만, 아이가 3세가 되면 교육 측면을 무시하기 힘들다. 일반 유치원에 다니는 아이들도 태권도, 미술, 영어, 수학 등의 학원을 다니기 시작한다. 나 역시 만 3세부터 축구, 발레, 피아노 등 다양한 사교육의 세계로 들어갔었다.

5세 즈음 되면 아이들의 인지발달 차이가 눈에 보이기 시작하고, 선배 엄마들의 조언과 소문에 귀가 쫑긋해진다. 거기에 더해 죄근에는 정부가 추진하는 어린이집과 유치원의 '유보통합' 정책까지 주요 이슈로 떠올랐다.

교육 정책의 변화에도 불구하고, 어린이집과 유치원의 실질적인 차이는 주로 원장과 교사의 성향에 따라 좌우된다. 실제로 많은 어린이집이 유치원 못지않은 다양한 교육 프로그램을 제공하고 있다. 비록 만 3~5세 자녀를 둔 학부모 사이에서는 어린이집을 기피하는 경향이 있지만, 맞벌이 부부에게는 오히려 국공립 어린이집이 최적의 선택이 될 수 있다.

특히 국공립 어린이집의 경우, 유치원에서 경력을 쌓은 교사들이 만 4~5세반을 담당하는 경우가 많으며, 특성화 수업 역시 유치원과 동일한 외부 업체를 통해 진행되는 것이 일반적이다. 더욱이 어린이집은 유치원에 비해 학생 수가 적어 규율과 규칙 면에서 더 유연하며, 짧은 방학으로 인한 돌봄 공백이 최소화된다는 점에서 맞벌이 가정에게 특히 유리하다.

그러나 단점도 있다. 만 3~5세 아이들을 어린이집에 보내지 않는 학부모가 많다 보니, 이 연령대 반의 정원 미달이 빈번하다. 정원이 부족하거나 교실이 부족한 상황에서 만 4~5세 아이들이 혼합 연령반으로 운영되는 곳도 흔하다. 혼합 연령반을 선호하는 부모도 있지만, 그렇지 않은 부모도 있다. 특히 정원을 채우지 못하면 특성화 수업을 제공하는 업체들이 수업을 기피하기도 한다. 학생 수가 적어 파견 강사의 강의료를 맞추기 어렵기 때문에, 영어, 발레, 체육, 음악 등의 수업을 진행할 강사를 구하기 힘들어진다. 결국 외부 강사나 업체들이 대규모 민간 어린이집이나 유치원을 우선적으로 선택하는 이유가 여기에 있다.

병설유치원은 "너무 놀기만 한다"거나 "선생님이 공무원이어서 교육의 질이 떨어진다", "방학이 길다" 등의 이유로 기피되는 경향이 있다. 하지만 임용고시를 통과한 병설유치원의 선생님들은 교육 역량이 매우 우수하다. 병설유치원은 충분한 교육비가 지원되기 때문에 교구재 수준도 높고, 최근에는 종일반 과정을 통해 방학 기간이 사립 유치원이나 민간 어린이집처럼 일주일 정도로 짧아졌다.

병설유치원의 가장 큰 단점은 '책임자가 명확하지 않다'는 점이다. 만약 유치원 반이 3개 이상이라면 원감 선생님이 유치원을 전담하지만, 그렇지 않으면 초등학교 교장 및 교감 선생님이 유치원의 책임자가 된다. 초등학생 교육만 경험한 교장 선생님은 유아교육의 특성을 잘 이해하지 못할 수도 있다. 또한 공무원 특유의 다소 건조한 분위기가 우려되지만, 이는 교사 개인의 성향에 따라 크게 다르다. 국공립 교사 중에도 어린이집 교사못지않게 따뜻하고 친절한 이들이 많다.

출생률이 줄어들면서 정원을 채우지 못하는 사립유치원은 원아 모집에 필사적이다. 텃밭 가꾸기, 숲 체험, 몬테소리, 레지오 등 특색 있는 교육을 누리과정과 결합하여 아이들이 즐겁게 다닐 수 있는 환경을 제공한다. 그러나 프로그램이 많은 만큼 규칙과 규율도 엄격한 편이다. 또한 프로그램이 다양하다고 해서 사교육과 같은 효과가 보장되는 것은 아니다. 유치원의 특성화 교육은 초등학교의 방과 후 교실처럼 단순히 다양한 활동에 노출될 기회를 제공하는 수준이다. 예를 들어, 유치원에서 바이올린을 접한 후 아이가 관심을 보인다면, 추후 개인 레슨을 통해 실력을 향상시키는 것이 더 효과적이다.

첫 아이의 기관을 선택할 때 내가 가장 중요하게 본 것은 교사들의 근속 연수였다. 한 기관에서 오랫동안 일한 고연차 선생님, 중간 연차, 저연차 선생님이 고르게 섞여 있는 기관이 가장 이상적이라고 생각했다. 근무하는 교사들이 모두 1~2년 차 신입인 곳은 피했고, 고연차 선생님들만 있는 곳도 혁신의 여지가 부족할 것 같았다. 그런 기준으로 두 아이를 서로 다른 기관에 보냈는데, 그 선택은 성공적이었다.

영어 유치원을 선택할 때 가장 먼저 확인해야 할 것은 "레슨 플랜" 샘플이다. 교사는 아이에게 적절한 피드백을 줄 수 있어야 하며, 현재 진행 중인 주제에 대해 아이의 사고 수준과 다음 단계의 학습 방향을 파악하고 있어야 한다.

레슨 플랜을 짤 때 자주 사용하는 브룸 분류 체계Bloom's Taxonomy는 아이가 학습을 완벽하게 이해했는지를 평가하는 데 유용하다. 이는 사고 능력을 계층적으로 분류한 방법으로, 인지적 영역을 6단계로 나누어 설명한다.

기억하기 → 이해하기 → 적용하기 → 분석하기 → 평가하기 → 창조하기 순서로 사고의 깊이를 더하는 학습을 하게 된다. 이를 통해 교사는 아이의 학습 과정을 체계적으로 계획하고 평가할 수 있다. 각 단계별에는 학습자가 수행해야 할 구체적인 행동 동사가 있다. 예를 들면 기억하기 단계에서 학생은 배운 지식을 나열하거나 찾는 작업을 수행한다. 상위 단계에서는 학습자의 생각을 논리적으로 전개하여 글을 쓰고 재창조하는 과정을 강조한다.

샘플 레슨플랜에서 be동사 학습이 단순히 "Learn how to use Be Verb"(Be동사 사용법 배우기)로만 기술되어 있다면 강사의 전문성을 의심해볼 필요가 있다. 'learn'이라는 단어는 지나치게 추상적이므로, 학습자가 거치게 될 구체적인 과정이 명시되어야 한다. be동사를 암기하는 것인지, 선택하여 매칭하는 것인지 등

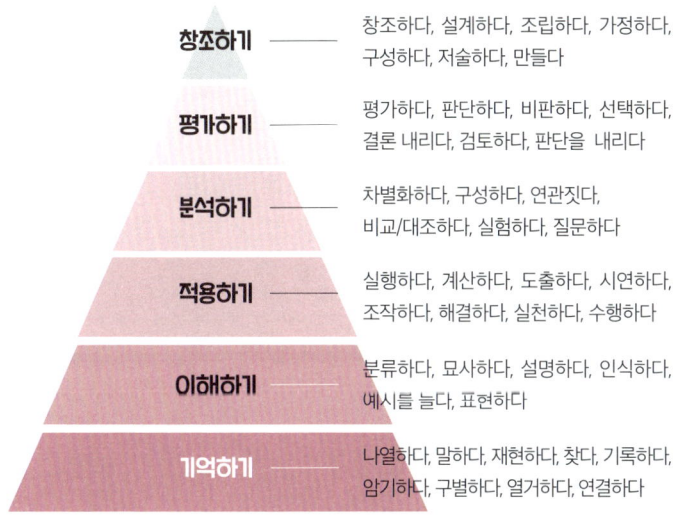

브룸 분류 체계(Bloom's Taxonomy)

구체적인 활동이 명시되어 있는지 확인해야 한다.

위의 표는 브룸 분류체계를 도식화한 것이다. 하나의 개념을 가장 기초적인 단계에서 시작하여 점차 상위 단계로 발전시키는 것을 목표로 한다. 예를 들어, 초등학교 5학년 문법 학습 시 목표는 "정의하기"와 "암기" 수준이다. 중학교 1학년에게 문법의 목표는 이를 이해하고 "설명하기"와 "고르기"로 발전한다. 하지만 고등학교 문법은 그 이상의 단계인 적용, 분석, 평가 그리고 창조하기까지를 포함하는 복합적인 과정을 요구한다.

따라서 "문법을 완벽하게 한다"는 말은 단순히 문장을 외우는 것이 아니라, 변형된 문장에 문법 규칙을 적용하고, 틀린 문장을 찾아내며, 자신만의 문장을 창조할 수 있는 능력을 의미한다. 이 분류 체계는 문법뿐만 아니라 다른 학습 영역에서도 깊이 있는 공부를 할 때 유용하게 활용할 수 있다.

영어 유치원, 우리 아이에게 맞을까?

영어 교육기관 선택 상담 시 부모들이 가장 많이 가져오는 자료는 TCI와 웩슬러 검사 결과다.

TCI(Temperament and Character Inventory, 기질 및 성격) 검사는 기질과 성격을 두 가지 측면에서 평가하는 심리검사 도구이다. 스스로 대답하는 형식의 질문지이지만, 유아용은 부모와 담임의 관찰을 바탕으로 한다. 기질은 네 가지 요인으로 나뉘는데 1) 자극 추구, 2) 위험 회피, 3) 사회적 민감성, 4) 인내력이다.

자극 추구는 새로운 경험을 갈망하고 보상에 민감하며 충동적 행동을 보이는 성향이다. "새롭고 흥미로운 것에 쉽게 끌리나요?", "충동적으로 행동하는 경우가 잦나요?" 등이 대표적인 문항이다.

위험 회피 기질이 강한 아이들은 위험이나 불확실한 상황을 기피하고 불안감을 자주 느낀다. 새로운 환경에서 긴장하거나 조심스러운 태도를 보인다. "위험한 상황을 피하려 노력하나요?", "자주 걱정하거나 불안감을 느끼나요?"와 같은 문항으로 평가한다.

사회적 민감성은 사회적 보상이나 타인의 칭찬, 인정에 예민하게 반응하고 이를 동기 부여의 원천으로 삼는 경향을 말한다. 이러한 성향의 아이들은 사회적 상호작용을 중시하며 따뜻하고 협력적인 태도를 보인다. "다른 사람의 칭찬이나 인정에 기분이 좋나요?", "타인과의 관계에서 긍정적 피드백을 중요하게 여기나요?"와 같은 문항으로 평가한다.

인내력은 목표를 향한 지속적 노력과 난관 속에서도 쉽게 포기하지 않는 성향을 의미한다. 이러한 기질의 아이들은 목표 달성을 위해 계획적으로 행동하고 장기적 인내심을 발휘하며, 도전적 과제를 선호하고 끈기 있게 해결하려 한다. "목표를 위해 꾸준히 노력하는 것을 즐기나요?", "어려운 일을 포기하지 않고 끝까지 해내려는 의지가 강한 편인가요?" 등이 대표적이다. 이러한 기질적 특성은 유치원에서의 일상적 관찰을 통해서도 대략적으로 파악할 수 있다.

TCI 검사를 반드시 해야 한다고 생각할 필요는 없다. 아이가 원 생활에 잘 적응하고 있고 유치원에서 부정적 피드백을 받은 적이 없다면 굳이 필요하지 않다. 미취학 아동은 자신의 행동

1) 자극추구형

2) 위험회피

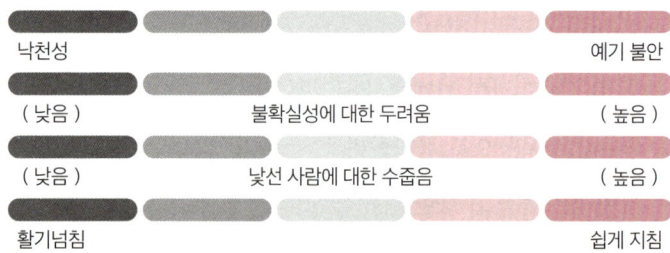

3) 사회적 민감성

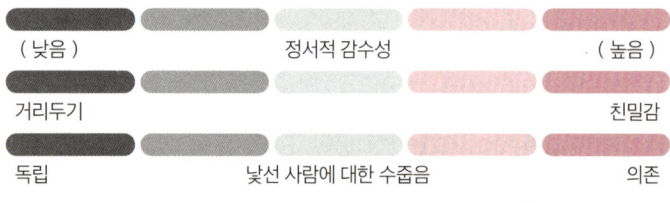

4) 인내력

TCI 검사, 기질 영역 하위항목

이나 감정을 명확히 표현하기 어려워 보호자나 교사의 관찰에 기반한 평가가 이루어지는데, 성장 과정에서 기질과 성격은 계속 변한다. 실제로 유아기의 극단적 성향도 공교육 진입 시기에는 어느 정도 사회화가 이루어져야 한다. 학교는 유치원과 달리 작은 사회의 축소판이며 표준화된 교육 시스템에 적응해야 하기 때문이다. 따라서 TCI 기질 검사는 자녀 양육 과정에서 특별한 어려움을 겪을 때 원인을 파악하는 용도로 활용하는 것이 좋다.

TCI 하위 항목 중 학습식 영어 유치원에 적합한 기질은 심사숙고, 절제, 질서 정연, 낙천성, 낮은 불확실성 두려움, 낮은 대인 수줍음, 활기, 낮은 정서적 감수성, 거리두기, 독립성 등이다. 여기에 더해 아이가 이미 기본적인 영어 의사소통이 가능한 수준이어야 한다.

앞서 언급된 사례로 돌아가 답변하자면, 장문의 메시지에서 엄마는 이미 영어 유치원 입학을 결정한 것으로 보인다. 아이의 우수한 인지력과 둘째 출산, 그리고 영어 교육에 대한 엄마의 열의가 드러난다. 이런 상황이라면 영어 유치원 입학이 적절한 선택일 수 있다. 적어도 "영어 유치원을 보냈더라면" 하는 후회는 하지 않을 것이다.

다만 한 가지 주의할 점이 있다. 영어 유치원 졸업 후, 상위권 어학원 진학을 목표로 한 경쟁의 흐름에 휩쓸릴 가능성이다. 놀이 중심 교육은 즉각적인 성과가 보이지 않을 수 있고, 부모의 기대치를 충족시키지 못할 수도 있다. 그러나 이런 현실을 받아들이고 아이를 재촉하지 않을 수 있다면, 영어 유치원은 여전히 좋은 선택이다. 단, 하원 후에는 다양한 체험활동, 친구들과의 놀이, 운동을 통해 영어 유치원이 채워주지 못하는 사회성과 신체 발달을 반드시 보완해주어야 한다.

2장

✳

영어가 되는 놀이,
놀이가 되는 영어

1
일상이 곧 영어가 되는
마법 같은 순간들

"오~ 나은. That's bad."

"나은, 친구랑 Let's play."

"나은, you hungry."

어느 날 인스타그램에서 흥미로운 동영상을 보았다. 영어를 잘하지 못하는 엄마가 유치원생 아이에게 계속 영어로 말을 거는 모습이었다. 요즘 유행하는 이중언어 bilingual 또는 삼중언어 교육은 정확히 어떤 개념일까? 옥스포드 사전에서 정의하는 이중언어 사용자는 "두 개 언어를 유창하게 말할 수 있는 사람"이다. 물론 "유창함"에 대한 기준은 사람마다 다를 수 있다. 하지만 성인이 7살 아이의 영어 수준을 구사한다고 해서 그를 이중언어 사용자로 볼 수는 없다.

대부분의 이중언어 사용자는 OPOL One Person One Language 또는 MLAH Minority Language at Home 방법을 사용한다. OPOL은 예를 들어 국제결혼을 한 부부 중 한 명이 영어로만, 다른 한 명이 한글로만 의사소통하는 경우를 말한다. MLAH는 가정에서는 소수 언어인 모국어를 사용하고, 사회에서는 다른 언어로 소통하는 환경을 뜻한다. 하지만 OPOL과 MLAH 방법은 일반적인 한국 가정에서 적용하기 어렵다. 그렇다면 이중언어가 아닌 외국어 L2로서 영어를 배워야 한다.

수많은 연구에서 외국어는 모국어 L1의 발달 수준을 뛰어넘기 어렵다는 사실이 밝혀졌다. 따라서 모든 학자는 모국어의 깊이 있는 발달이 외국어 학습에 도움이 된다고 공통으로 이야기한다. 오히려 엄마가 어설픈 영어를 사용하는 것보다, 모국어로 깊이 있는 대화를 나누는 것이 영어 학습에 더 효과적이다. 미취학 아동에게 영어 습득은 "흥미"와 "소리 노출"이 전부이기 때문이다. 이 과정에서 엄마는 어설픈 영어 대신 모국어로 아이와 깊이 있는 대화를 나누며 사고력을 키워 주고, 영어 노출은 아이의 수준에 맞는 동영상과 함께 부르는 즐거운 노래를 통해 자연스럽게 이루어져야 한다.

결국 학부모가 아이에게 기대하는 영어 수준은 자신이 아는 내용을 다른 사람과 대화할 수 있는 정도이며, 수능과 내신에서 1등급을 받는 수준이다. 이를 위해서는 풍부한 경험과 지식으로 "내용"을 채우고, 이를 영어로 표현하는 능력이 필요하다. 부모가 진정으로 해야 할 일은 아이와 다양한 경험을 함께하며 아이가 보는 세상을 확장해주는 것이다.

코로나로 인한 실외 활동 제한이 '책 육아'를 왜곡시켜버렸다. 두 돌도 되지 않은 아이에게 하루 30권씩 책을 읽히고 300독, 500독을 인증하는 문화가 SNS와 육아 카페에서 확산되고 있다. 더욱이 영어 발음이 자신 없는 부모들에게 세이펜(책을 찍으면 원어민 음성을 들려주는 기기)이나 장시간의 영상 시청이 영어 발음과 원서 읽기의 지름길인 것처럼 부추기면서, 영유아들을 미디어 과다 노출의 위험으로 몰아가고 있다. 아이는 오감을 통해 세상을 직접 탐험하고 경험해야 한다. 간접 경험이 직접 경험을 대신할 수는 없다. 계곡, 바다, 산, 공원, 갯벌 등 다양한 자연 환경 속에서 아이의 내면에 진정한 경험을 차곡차곡 쌓아주어야 한다.

원어민 수업, 진짜 필요한 시기는 언제일까?

"선생님, 배 아파요."

5살 때 재미있게 영어 수업을 들었던 민수는 6살 3월이 되자 영어 시간이 되면 자꾸 배가 아프다고 했다. 5살 겨울 방학 동안 7살 누나를 따라 말레이시아 국제학교에서 두 달 동안 다닌 후, 민수는 영어에 대한 거부감을 드러내기 시작했다. 그는 원에서는 조용한 아이였지만, 집에서는 엄마에게 조잘조잘 이야기하는 귀여운 아이였다. 학기 초에는 아무 말도 하지 않다가, 학기 말이 되어서는 영어 노래를 부르거나 영어 동극(교사가 들려준 동화의 내용을 중심으로 유아들이 극을 해보는 활동)에서 손을 들어 발표하던 아이였다. 그러나 말레이시아 국제학교에서 두 달을 보낸 후 유치원에서 민수는 영어 자체를 거부하기 시작했다.

　영어를 잘 모르는 부모는 어떻게 하면 아이가 영어 말하기에 흥미를 느끼도록 도울 수 있을까? 그 해답은 영어 동요와 여행이다. 엄마표 영어를 하는 가정에서는 목적이 있는 노래를 듣는다. 유튜브의 "Super Simple Songs"나 "Cocomelon"과 같은 노래는 원어민과 제2외국어로 영어를 배우는 외국인에게 지식을 전달하고 가르치려는 목적이 있다. 이러한 노래들은 아이와 엄마 모두가 쉽게 따라할 수 있다. 여기서 "Classic Nursery Rhymes"(클래식 너서리 라임) 또는 "Mother Goose"(마더 구스)와 같은 손유희(노래나 운율에 맞춰 하는 손동작)가 포함된 전통 동요를 활용하면 아이의 영어 동요 학습 효과가 더욱 높아진다. 노래는 "엄마표 100곡 챌린지" 같은 무리한 목표 대신, 10개 정도의 노래를 제대로 습득한 후 아이의 취향에 맞춰 확장해 나가는 것이 바람직하다.

다음으로 여행이 있다. 사실 미취학 아동에게 여행에서 영어를 말해보는 경험은 좋지만 필수는 아니다. 특히 위험 회피 성향이 강하거나 완벽주의 성향이 있는 아이는 낯선 환경에서 영어를 강요받으면 영어 자체를 거부할 수도 있다.

서울에서는 이태원 레스토랑에서 간단한 회화 정도는 충분히 연습할 수 있다. 대한민국이 다문화 사회로 진입하며, 이태원에는 외국인이 일하는 가게도 많아졌다. 광화문 광장이나 용산 어린이공원, 상암 월드컵 공원만 가도 놀러 나온 외국인 가족을 쉽게 볼 수 있다.

상암에서 있었던 일화가 좋은 예시다. 금발의 백인 남매를 만났을 때, 은성이는 "Let's dig the hole!"(구멍을 파자!)라며 자연스럽게 놀이에 참여했다. 그렇게 오후를 보내고 집에 돌아와 대화를 나눴을 때, 은성이는 영어로 대화했다는 사실보다는 "오늘은 친구랑 포크레인으로 물놀이를 해서 재미있었다"는 놀이 자체의 즐거움을 이야기했다.

말레이시아, 싱가포르, 태국(치앙마이, 방콕) 등 가까운 동남아시아 국가들은 국제학교가 많고 이중언어를 공용어로 사용하는 경우가 흔하다. 최근에는 미주 지역 체류가 부담스러운 학부모들이 동남아에서 한 달 살기를 통해 자녀의 영어 학습을 시도하는 사례가 늘고 있다. 물놀이와 같은 즐거운 활동과 함께 영어 학습 동기를 부여할 수 있다는 점에서 추천할 만하다.

그러나 민수와 같은 경우는 신중한 접근이 필요하다. 모국어를 사용하는 환경에서도 적응에 한 학기가 걸리는 아이에게 갑작스러운 이국적 환경은 큰 심리적 부담이 될 수 있다. 이런 아이들에게는 동남아든 미주든 초등학생이 된 이후의 해외 체류를 권장한다. 이 시기가 되면 기본적인 영어 의사소통 능력과 낯선 환경을 견딜 수 있는 인지적 성숙을 갖추게 되어 해외 학교생활에서 긍정적인 경험을 할 수 있다.

2
손으로 만지고
몸으로 익히는 영어

다음은 유아 대상 뮤지컬 수업의 일부분이다.

"I can clean up the lamp!"(내가 램프를 깨끗이 닦을 수 있어요!)
"I can rub the lamp!"(내가 램프를 문지를 수 있어요!)
이 문장을 몸으로 표현하려면 어떻게 할까?
준비된 친구는 손을 들고 이 문장을 표현해볼까?
"Clean up"과 "rub"를 다르게 표현해야 할 것 같은데, 어떻게 다르게 표현할 수 있을까?

유치원에서 영어를 가르칠 때 여러 과목을 다루지만, 아이들이 가장 좋아하는 수업은 단연 뮤지컬 수업이다. 파닉스, 노래, 시, 쓰기 등 다양한 활동이 있지만, 아이들은 뮤지컬을 통해 가장 즐겁게 영어를 배운다. 특히 대사와 율동을 함께 만들어가는 과정에서 온몸을 사용하며 창의력을 발휘하기 때문에 아이들과 나는 늘 웃으며 수업을 한다.

뮤지컬 알라딘의 대사 중 "I can clean the lamp"와 "I can rub the lamp"라는 표현이 있다. 아이들은 이 문장을 몸으로 표현하기 위해 'I', 'clean', 'rub', 'lamp'와 같은 단어들을 손과 발을 이용해 동작으로 보여준다.

아이들은 "rub"이라는 단어를 들으면 자연스럽게 무언가를 문지르는 이미지를 떠올리고, 손이나 팔을 문지르면 바로 "rub"이라는 단어가 떠오른다.

이렇게 몸으로 표현하면서 언어를 배우는 과정을 전신 반응 교수법TPR, Total Physical Response이라고 한다. 1970년대 미국 심리학자 제임스 애셔James Asher가 개발한 이 교수법은 행동과 언어를 결합함으로써 학습 효과를 높이는 방법이다. 대근육과 소근육 모두 사용하기 때문에 늘 활동적인 아이들의 발달 특성과도 잘 맞는다.

다음 쪽에는 수업 시간에 주로 사용하는 "온몸으로 표현하기 쉬운 동사 목록"이 있다.

run	jump	sit	stand	walk
open	close	take	give	show
point	clap	shake	wave	pull
push	hold	turn	stop	start
touch	move	catch	throw	kick
stretch	bend	raise	lower	twist
fall	rise	skip	hop	crawl
spin	swing	clap	dance	march
cry	laugh	smile	frown	yawn
sneeze	cough	blink	nod	hum
dig	draw	lift	drop	sing
sleep	wake	jump	hug	kiss
bite	chew	chase	follow	hide
run	jump	crawl	hop	ride
swim	dive	row	float	skip
hit	kick	toss	jump	clap
bow	bow	chase	slap	step
stand	sit	lie	roll	rest
write	read	color	build	cut
glue	fold	carry	press	pack

부모가 아이에게 단어를 하나씩 가르치는 대신, "어떻게?"에 초점을 맞춰 몸으로 표현하는 활동과 게임을 함께 하는 것

이 훨씬 효과적이다. 이런 방식은 창의력도 향상시키고, 아이와 부모가 함께 재밌는 시간을 보낼 수 있는 계기가 된다.

요리하며 배우는 영어의 특별한 매력

요리 활동은 다양한 교육적 가치를 지닌다. 성인이 된 후에도 건강한 식습관을 유지하게 돕고, 조리 도구 사용을 통해 안전 의식을, 레시피를 따라 하며 충동 조절력을 기른다. 나아가 수학, 소근육 발달, 읽기 능력, 전반적인 학습 능력 향상에도 기여한다.

- 수학: 계량과 측정을 통한 자연스러운 사칙연산 학습
- 과학: 열과 외부 힘에 의한 원료의 물리적 변화 관찰(예: 계란의 상태 변화)
- 소근육 발달: 필러, 칼, 믹서 등 도구 사용을 통한 운동 능력 향상
- 읽기: 레시피 해석과 실생활 적용 경험
- 창의성: 기본 레시피 습득 후 원료 변형을 통한 새로운 요리 시도
- 학습 능력: 듣기, 관찰, 순서 이행 등 기본적 학습 기술 배양

• 문화 이해: 세계 각국의 요리를 통한 다문화 체험

미국에서 베이비시팅을 하던 시절, 만났던 R 가족이 기억난다. 이 가족은 전형적인 백인 상류층으로, 주말에는 컨트리클럽이나 기부 활동 같은 소셜 행사에 참여했고, 아이들은 사립학교에 다니며 바쁜 오후를 보냈다. 세 아이의 엄마이자 대기업 사장인 Ms. R이 가장 중요하게 생각했던 시간은 다름 아닌 요리 시간이었다. 그 시간에는 여러 나라의 문화를 배우고 가족 간의 소중한 추억을 쌓았다.

나는 베이비시팅할 때 종종 불고기를 만들어주었고, 덕분에 그 집 아이들은 새로운 음식을 시도하는 데 거리낌이 없었다. 이들은 지금은 성인이 되어, 해외에 나가서도 새로운 음식을 주저 없이 즐긴다. 심지어 그들의 85세 외할머니를 위해 직접 치킨 누들 수프를 만들어 드릴 정도로 요리에 익숙하다.

이러한 경험이 나에게도 깊은 영향을 미쳐 내 아이들도 어릴 때부터 요리에 참여시키게 되었다. 토마토 꼭지를 떼어내고, 양상추를 손으로 찢고, 당근을 씻고 껍질을 벗기는 것 같은 기초적인 단계부터 시작했다.

가끔 원어민 선생님과 수업할 기회가 있을 때, 어떤 교재를 써야 할지 고민하는 경우가 많다. 그럴 때마다 나는 "원어민과 함께 요리를 해보세요"라고 조언한다. 간단한 레시피를 준비하고 요리하면서 대화를 나누는 것만으로도 50분 수업이 충분하다. 수업 후 함께 만든 음식을 먹으며 자연스러운 대화를 이어가고, 후속 활동까지 이어지면, 요리 활동이 영어 학습을 넘어 지식 발달로 확장된다. 코스북이나 읽기 수업보다는 대화 중심의 수업이 효과적이다. 원어민 교사 수업의 핵심은 아이에게 자연스러운 영어 대화 환경을 제공하는 것임을 잊지 말자.

50분 간단 레시피

요리	후속 활동
딸기 바나나 스무디 (Strawberry Banana Smoothie)	과일 이름 익히기 나만의 스무디 만들기
치킨 마요 덮밥 (Chicken Mayo Rice Bowl)	원료 카드로 매칭 게임 "What's your favorite dish?" 질문 놀이
미니 피자 (Mini Pizzas)	원료 카드로 매칭 게임 "What's your favorite dish?" 질문 놀이
오븐 없이 만드는 쿠키 (No-Bake Cookies)	원료 순서 기억하기 게임 나만의 쿠키 꾸미기 디자인 활동
샌드위치 만들기 (Sandwich Making)	"How many layers?"로 샌드위치 층수 말하기 샌드위치 원료 그리기
미니 팬케이크 (Mini Pancakes)	팬케이크 토핑 말하기 만들기 과정을 순서대로 이야기하기
초콜릿 디핑 프레첼 (Chocolate Dipped Pretzels)	모양에 따라 프레첼 그리기 초콜릿 디핑 순서 설명하기
집에서 만든 레모네이드 (Homemade Lemonade)	원료 그림 맞추기 창의적인 레시피 만들기: "My perfect lemonade would have…"
집에서 만든 그래놀라 바 (Homemade Granola Bars)	"What's in the granola bar?" 원료 맞추기 게임, 바 포장지 꾸미기

3
상상력이 자라는
영어 놀이터

첫째가 7살이었을 때, 유치원에서 "아름다운 이 땅에 금수강산에"로 시작하는 노래를 배우기 시작했다("한국을 빛낸 100명의 위인들"). 만 5세 유아들은 역사와 위인에 관심이 많아지는데, 연구 결과에 따르면 이들은 어제나 지난주 같은 가까운 과거보다 오히려 먼 과거를 더 쉽게 이해한다고 한다. 첫째가 노래를 부르자, 둘째도 금세 따라 불렀다. 둘째는 "알에서 나온 혁거세~ 만세 만세 유관순" 같은 어려운 구절도 자연스럽게 따라 불렀다. 그러나 역사박물관에 가자 첫째는 신이 나서 박물관 내 설명문을 읽었지만, 둘째는 지루한지 빨리 바깥 놀이터에 가자고 졸랐다. 같은 노래를 불러도 한 아이는 역사에 몰입하고, 다른 아이는 가사만 외우는 차이가 드러난다.

  이와 비슷하게, 아이들이 영어 노래를 따라 부르거나 알파벳을 읽기 시작하면, 많은 부모는 "우리 아이가 언어 재능이 있네"라고 생각하며 학원을 알아보거나 읽고 쓰기를 빨리 시작하려고 한다. 하지만 이러한 아이들은 가만히 두어도 스스로 배워 나갈 가능성이 크다. 학원의 촘촘한 스케줄에 의존하기보다는 자연스럽게 언어를 습득할 수 있도록 돕는 것이 더 중요하다. 만 5세 이전에 과도한 문자 교육은 아이의 사고를 제한할 수 있어 주의가 필요하다.

  만 3세 이전에는 문자 교육보다 듣기와 말하기 능력 발달에 초점을 맞춰야 한다. 인간의 뇌는 선천적으로 듣고 말하는 능력을 갖추고 있지만, 읽고 쓰는 능력은 후천적으로 습득된다. 선사 시대부터 인류는 말로 소통해왔으며, 문자는 교육을 통해 발달한 산물이다. 따라서 미취학 시기에는 말하기와 듣기 경험이 핵심이다. 특히 24개월 이후부터 하루 10~20분 정도의 영어 미디어 노출과 지속적인 듣기 경험은 자연스러운 영어 말하기로 이어질 수 있다.

  그러나 많은 부모가 이 시기를 견디지 못하고 조기 문자 교육에 치중한다. 마치 우리 둘째가 아무런 지식없이 100명의 위인 이름을 외우듯, 이해하지 못한 채 영어 읽는 법을 배우는 것이다. 이것이 진정으로 원하는 영어 학습인지 고민해볼 필요가 있다.

인풋이 들어가야 아웃풋이 나온다는 것은 기본 원리이다. 우리가 어릴 때 '엄마'라는 말을 수천 번 듣고 나서 '엄마'를 말할 수 있게 된 것처럼, 영어도 같은 방식으로 학습된다. 국가 교육과정에서 외국어 학습을 초등학교 3학년부터 시작하는 이유도 2학년 무렵에 측두엽이 발달하기 때문이다. 이때부터 학습을 기억하고 구조화하는 능력이 발달해, 영어를 외국어로 체계적으로 배우는 것이 가능해진다.

그 이전은 영어를 즐겁게 접하고, 거부감을 가지지 않도록 준비하는 기간이다. 이 시기에는 말하기와 듣기 중심의 활동을 통해 자연스럽게 언어에 노출되도록 해야 한다.

노래 개사로 시작하는 즐거운 영어

첫 번째 돼지가 집을 짓는데, 짚으로 차곡차곡 집을 짓는데 늑대가 나타나 후~, 무너져 버렸대요.

스토리텔링은 책 없이 이야기를 전하는 것이다. 개인적으로 미취학 아동에게 말하기 연습의 최고 단계는 자연스러운 스토리텔링이라고 생각한다. 아이들이 새롭게 이야기를 창작하는 것도 좋지만, 이를 어려워하는 경우, 기존의 이야기를 다시 말해보게 하는 것도 좋다. 이것마저 부담스러워한다면, 한글이나 영어 동요의 가사를 변형해 부르는 활동을 추천한다.

유치원에서는 매주, 매달 다양한 동요를 배운다. 대부분의 유치원은 매월 새로운 노래를 소개하며, 유튜브에서 쉽게 찾아들을 수 있다. 동요는 음악적 요소를 담고 있어 노랫말이 아름답고 운율이 풍부하다. 예를 들어, 여름이면 빠지지 않는 대표적인 노래인 〈수박파티〉를 보자.

"커다란 수박 하나 잘 익었나 통통통~"으로 시작하는 수박파티 동요는 5살부터 7살까지 아이들이 즐겨 부르는 곡이다. 안녕달 작가의 그림책 《수박 수영장》, 관련 뮤지컬 관람, 수박 화채 만들기, 말풍선 만들기 등 여름마다 유치원에서 진행되는 다양한 활동과 함께할 때 빠지지 않는 노래다. 아이들이 수박과 관련된 활동을 재미있게 마친 후, 집에서도 "수박 수영장 노래 틀어줘~"라며 흥겹게 노래를 부른다. 아이들이 노래에 익숙해지면 가사를 변형해 반대로 불러보는 활동도 인지 발달에 도움이 된다.

작고 작은 수박 하나 설익었나 통통통
두 손으로 합하니 껍질이 보이네
몇 번 더 합쳐서 너도 나도 들고서

우리 모두 ······ (첫째가 개사한 수박파티)

이처럼 아이들은 동그란 수박으로 무엇을 할 수 있을지 상상하고 고민하면서 노래를 변형한다. 이러한 활동은 아이들의 어휘력을 향상시키고, 유연한 사고를 기르며, 무엇보다 재미있다. 아이들은 노래를 부르며 깔깔거리며 웃고, 창의적인 표현을 즐긴다.

영어에 익숙해진 아이들은 고전 너서리 라임 nursery rhyme(어린이들이 쉽게 따라 부를 수 있도록 짧고 리듬감 있게 만든 전통적인 동요나 시)에도 도전할 수 있다. "히커리 디커리 덕"Hickory Dickory Dock이나 "시장에 가면"To Market, To Market 같은 엄마가 함께 부를 수 있는 동요가 무궁무진하다. 개인적으로 수업 시간에 너서리 라임을 자주 활용하는데, 동요를 창의적으로 변형하여 놀 수 있기 때문이다. 다음은 "히커리 디커리 덕"의 예시다.

Hickory, dickory, dock

The (mouse) (ran) up the clock

The clock struck (one)

The mouse ran down

Hickory, dickory, dock

Tick Tock Tick Tock Tick Tock Tick Tock

히커리 디커리 덕

쥐가 삐약~ 시계탑 올라가요

땡! 하고 한 시 되자

쥐는 또 내려왔죠

히커리 디커리 덕

똑딱 똑딱 똑딱 똑딱

이 노래를 "The rabbit hopped up to the clock"(토끼가 깡충깡충 시계 위로 올라갔어요.) 혹은 "The clock struck six"(땡! 하고 여섯 시가 되었어요.) 등으로 바꿔 부를 수 있다. 엄마가 변형하기 어렵다면, 한글로만 해도 충분하다. 아이에게 충분한 영어 입력(인풋)이 있었다면, 영어 변형은 스스로 주도하게 된다.

스토리텔링으로 키우는 창의력

워킹맘이라 이런 활동을 할 시간이 없다며 죄책감을 느낄 필요는 없다. 대부분 유치원에서 다양한 문학 활동을 진행하고 있으며, 비판적 사고력과 창의력 발달을 염두에 두고 수업을 계획한다.

그렇다면 흔히 말하는 비판적 사고란 무엇일까? 비판적 사고에 대한 정의는 다양하지만, 폴과 엘더Richard Paul, Linda Elder 박사는 "더 나은 삶과 배움을 위해 선택을 내리는 일련의 과정"이라고 정의한다. 우리가 직면한 문제와 상황에서 더 나은 선택을 할 수 있도록 돕는 사고 과정이다. 사고력 문제를 맞혔다고 해서 사고력이 더 높다고는 할 수 없다. 비판적 사고를 할 줄 아는 사람은 현실 속에서 효율적으로 의사소통하고, 협력하며, 창의적으로 문제를 해결하려고 한다. 정보를 읽을 때 단순히 받아들이기보다, 다른 관점에서 바라볼 수 있는 능력이다.

수업 시간에 선생님이 교구 없이 전래동화나 생활동화를 들려줄 때 아이들이 특히 집중하는 모습을 보인다. 이는 이야기를 이해하고 그 안에서 재미를 찾기 때문이다.

재미있는 이야기에 대한 관심은 인간의 본능일지도 모른다. 아이들은 일상적인 에피소드부터 '시골 쥐와 도시 쥐', '아기돼지 삼형제' 같은 명작동화까지 반복해서 들려달라고 한다.

이야기에 익숙해진 아이들은 교실 여기저기에서 자연스럽게 창작을 시작한다. 예를 들어 아기돼지 삼형제 이야기에서 "늑대를 삼형제가 잡아먹었어요!"라고 말하거나, 벽돌집을 레고로 짓는 등 자신만의 버전을 만든다. 역할놀이와 블록놀이에서도 들은 이야기를 재해석하며, 이것이 진정한 창의적 문해력 교육이다.

아이들이 스스로 이야기를 발전시키지 않을 때는 교사가 적절한 질문으로 깊이 있는 탐구를 이끌 수 있다. 아기돼지 삼형제를 예로 들면 다음과 같은 질문이 가능하다.

- **분석하기**: "늑대는 정말 나쁠까?" "늑대가 잡아먹으려 한 게 아니라면 왜 노크했을까?" "어떤 행동이나 말 때문에 늑대를 나쁘다고 생각하게 됐지?"
- **다른 관점에서 생각하기**: "엄마가 삼형제에게 집을 찾아 떠나라고 했을 때, 삼형제는 어떤 감정을 느꼈을까?" "돼지가 늑대를 거절했을 때 늑대는 어떤 기분이었을까?"
- **문제 해결하기**: "늑대가 집에 들어가려면 어떤 행동을 했어야 했을까?" "네가 늑대라면 어떻게 말했을까?"

이런 방식으로 책 속 이야기를 깊이 탐구하며 생각하게 한다. 하지만, 글쓰기나 그림으로 표현하기보다는 단순히 '생각'을 하는 데 중점을 둔다. 특히, 쓰기 능력이 미숙한 미취학 아동에게 글쓰기를 강요하면, 오히려 생각의 폭이 줄어든다. 특히 영어로 표현할 경우, 쓰기 과정에서 생각이 휘발될 가능성이 높다. 단순한 아웃풋은 만들어낼 수 있겠지만, 진정한 비판적 사고는 형성되지 않는다.

쓰기를 강요받는 아이들은 점차 '생각을 많이 하면 더 써야 하니 적당히 멈춰야겠다'는 심리를 가지게 된다. 이러한 현상은 학원식 교육을 받은 초등 3학년 아이들의 글쓰기에서 자주 나타난다. 형식적인 과제만을 완성하는 데 급급해, 자신의 생각을 충분히 반영하지 못한 글을 제출하는 것이다. 숙제 마지막 쪽에 통과 도장을 받을 정도로만 쓴다.

어린 시절의 쓰기 활동은 부모가 아이의 말을 받아 적어주며 함께 진행하는 '마주 보며 말하기'가 가장 효과적이다. 듣기, 말하기, 읽기, 쓰기 과정은 결국 하나로 연결된다. 영어 역시 듣고, 말하고, 읽다 보면 자연스럽게 쓰기 능력이 따라온다. 묘사, 주장, 설명 같은 글쓰기는 초등 고학년, 즉 눈과 손의 협응과 전두엽이 충분히 발달한 시기에 배워도 늦지 않다. 그 전에는 많이 끼적여보고, 써보고, 말해보는 경험이 중요하다.

OTT로 즐기는 가족 영어 시간

인풋은 어떻게 제공할 수 있을까? 아이가 24개월이 지나면서 하루 20~30분 정도 짧은 영어 만화를 보여주면, 만 4세경에는 자연스럽게 영어로 말하기 시작한다. 시청하는 콘텐츠에 따라 아이의 영어 표현도 달라진다. 우리 집 첫째 은성이는 두 돌 이후 〈맥스와 루비 Max and Ruby〉, 〈다니엘 타이거 Daniel Tiger's Neighborhood〉 같은 15~20분짜리 프로그램을 보기 시작했다. 비록 이 시기에는 한국어와 영어 모두 발화하지 않았지만, 캐릭터 관련 책과 피규어로 역할 놀이를 할 수 있는 환경을 조성해주었다.

36개월까지는 아이가 모방을 통해 성장하는 시기이다. 엄마가 레고를 만들고 색칠하는 활농을 옆에서 함께 하며, 아이는 엄마와 형, 누나들을 따라 하며 성장한다. 일반 레고보다 조금 더 큰 사이즈인 듀플로로 집을 만들고, 택배 박스로 붓질을 하며 다양한 건물을 만들어냈다. 이때 나눈 대화는 단순히 "이건 빨간색이야, 저건 노란색이야"가 등 단편적인 묘사가 아니라, "이 박스를 빨간색으로 만들어서 맥스네 집의 우체통을 만들어야겠다"라거나 "붓을 이렇게 위아래로 하면 잘 발라지더라" 등으로, 내 생각을 이야기하며 TV에 나온 캐릭터들의 행동을 묘사했다. 그때는 엄마 혼자 떠드는 것이 무슨 도움이 될까 싶었지만, 어느덧 은성이는 성장하여 엄마의 모습을 보며 그림 그리는 방법과 붓질하는 방법을 모방하고 있었다.

이러한 모방 시기를 지나 만 4세쯤부터 은성이는 역할 놀이를 하면서 영어 발화를 시작했다. 그동안 쌓인 영어가 폭발적으로 발화하기 시작한 것이다. 이 시점부터 보기 시작한 프로그램은 〈바다 탐험대 옥토넛〉과 〈개비의 매직 하우스Gabby's Dollhouse〉이다. 〈옥토넛〉은 옥토넛 탐험대가 다양한 해양 동물을 구조하는 에피소드로, 말이 빠르고 미국 남부와 영국 시골 등 다양한 악센트가 섞여 있어 어른이 듣기에도 만만치 않은 프로그램이다. 은성이는 6세 내내 〈옥토넛〉을 하루 25분에서 1시간씩 시청했다. 또한, 관련 원서를 하루 20~30분씩 (내가)읽어줬다. 〈개비의 매직 하우스〉는 다양한 고양이가 등장해 만들기, 요리, 노래, 이야기를 경험할 수 있는 프로그램으로, 아이가 그림을 그리고 만들기에 자신감을 주었다. 은성이는 스스로 "미술을 잘한다"고 자주 말하곤 했다.

아이의 영어 인풋 주제에는 해양생물, 만들기, 요리 등이 포함되어 있었고, 아이는 자연스럽게 이 부분을 영어로 말하기 시작했다. 만들기를 하면서 〈개비의 매직 하우스〉의 캐릭터처럼 요리나 만들기에 대한 설명을 하기도 하고, 위에서 언급한 이야기 비틀기를 즐겼다. 만 5세가 되면서 말하기 수준은 비약적으로 발전했다. 동물 맞추기 게임을 하면서 "It has four legs"(다리가 네 개예요), "This animal can sleep and swim at the same time"(이 동물은 자면서 수영할 수 있어요), "It is nocturnal"(이 동물은 밤에 활동해요) 등 자신이 생각하는 동물의 특징을 다양하게 구사할 수 있었고, "There are lots of candies"(사탕이 아주 많아요), "The current is strong"(물살이 세요) 같은 문장을 통해 형용사나 부사 등 다양한 문법을 자유롭게 사용했다.

첫째의 성장을 지켜보며 가장 반가웠던 점은 '깡통 읽기'를 하지 않을 것이라는 확신이었다. 깡통 읽기는 주로 파닉스 수업에서 볼 수 있는 현상으로, 내용 이해 없이 기계적으로 읽기만 하는 상태를 말한다. 유창성을 위한 규칙 기반 읽기는 기초 단계에서 필요하지만, 궁극적으로는 작가의 의도를 이해하고 이를 자신의 경험과 연결하는 것이 읽기의 진정한 목적이다.

영어 유치원 교사로서 가장 안타까운 순간은 파닉스를 배운 아이들이 글을 읽으면서도 내용을 이해하지 못할 때다. 우리가 "아기가 우유를 먹어요"라는 한글 문장을 읽으면 자연스럽게 그 장면이 떠오르듯이, 영어 읽기도 그러해야 한다.

그러나 영어 노출이 적은 아이들은 "Bob sat on the mat"(밥이 매트 위에 앉았어요)라는 말을 읽고도 뜻을 이해하지 못할 수 있다. 이럴 경우, 아이들에게 Bob, sat, on, mat의 뜻을 하나씩 다시 알려줘야 하는 웃지 못할 상황이 생긴다. 그러면 아이들은 영어로 읽고 한국어로 사고하여 다시 영어로 아웃풋(말하고 쓰기)을 내는 과정을 거친다. 하지만 꾸준히 영어 영상을 접한 아이는 읽는 방법만 깨우치면 읽으면서도 내용을 쉽게 이해할 수 있다. 엄마표 영어에서 가장 흔한 질문인 "아이가 자꾸 한글로 뜻을 물어요"라는 질문에 대한 답이다. 충분한 영어 입력이 있다면, 초등학교 저학년까지는 문맥 속에서 단어의 의미를 유추할 수 있다.

영어 리딩 책에서 먼저 단어를 배우고 본문 읽기에 들어가는 것도 같은 맥락이다. 단어를 알아야 전체 내용을 이해할 수 있기 때문이다. 영어 유치원이나 어학원에서도 비슷한 이유로 단어를 먼저 배우고 본문 읽기에 들어간다. 미취학 아동일수록 집에서 영어 노출을 통해 단어를 확장해야 한다. 신기하게도 아이들은 정확한 뜻은 모르더라도 문맥을 통해 의미를 유추하는 능력이 있다. 은성이도 읽기에 들어갔을 때 혹시나 싶어 뜻을 물어보았다. "while"이라는 단어에 대해 "오랫동안 뭘 하는 거야"라고 대답했고, "Adult hyenas chase away lions"(어른 하이에나가 사자를 쫓아낸다)를 읽으면서 "엄마, 하이에나가 어떻게 라이언을 쫓아낼 수 있어? 사자가 더 크잖아?" 같은 질문을 했다.

미취학 아동의 읽기는 인풋이 적절한 임계치에 도달한 상태에서 들어가야 한다. "이게 무슨 말이야"라는 질문이 아닌, 텍스트를 읽으면서 자신이 궁금한 점을 구체적으로 물어볼 수 있어야 한다.

4
부모와 함께하는
즐거운 영어 놀이 시간

영어에 자신이 없는 부모라도 엄마표 영어를 포기할 필요는 없다. 그렇지만 과도하거나 방향이 잘못된 접근은 오히려 아이를 영어 포기자로 만들 수 있다. 미취학 아동을 위한 엄마표 영어에서 부모의 역할은 제한적이다. 24개월부터 하루 20분 정도의 영어 동영상과 동요를 함께 즐기며 영어 소리에 익숙해지도록 돕는 것만으로 충분하다. 무리하게 가르치려 하기보다, 편안하게 노출시키는 것이 중요하다.

읽기나 쓰기처럼 학습이 필요한 부분은 전문가나 교재, AI 프로그램에 맡기는 편이 좋다. 부모는 아이가 영어를 '습득'하는 과정을 지지하고 함께하는 역할에 집중해야 한다. 영어가 아이의 일상 속에 자연스럽게 녹아들도록 돕는 것이 부모의 역할이다. 이는 고학년 때부터 필요한 자기 주도 학습의 기초가 된다. 자기 주도 학습은 하루아침에 생기는 게 아니라, 어릴 적부터 쌓인 일상 습관에서 시작한다.

충분한 영어 입력이 이루어지고 아이가 말하기를 시작하며 영어에 편안함을 느낄 때, 다음과 같은 재미있는 영어 게임을 함께 해볼 수 있다.

1. **동물을 맞춰봐요** Guess my animal: 아이가 동물의 특징을 하나씩 묘사하며 맞추는 게임. 처음엔 단어로 시작해 점차 문장으로 발전한다. '야행성' nocturnal, '초식동물' herbivore, '육식동물' carnivore 같은 고급 단어도 자연스럽게 배울 수 있다.

    예) Child: "It is a herbivore." (초식동물이야.)
    Mom: "Is it a giraffe?" (기린이니?)

2. **숫자를 맞춰봐요** Guess my number: 종이에 숫자를 적고, '더 크다' greater, '더 작다' less, '사이에 있다' between 등의 표현을 사용해 숫자를 맞추는 게임이다.

    예) Child: "Is it greater than 30?" (30보다 커요?)
    Mom: "Yes." (응.)

3. **사이먼이 말하길** Simon Says… : 진행자가 "사이먼이 말하길…"로 시작하는 명령을 주면 다른 사람들이 그대로 따라 하는 게임. 영어 지시문과 신체 동작을 연결 짓는 데 효과적이다.

예) Mom: "Simon says touch your nose."

(사이먼이 말하길, 코를 만지세요.)

Child: (Touch his noses.) (코를 만진다.)

4. **시장에 가면** To market, to market : "시장에 가면"이라는 놀이의 영어 버전. 기억력 게임처럼 품목을 계속 추가하거나, 특정 카테고리 내에서 물건을 말하는 등 다양하게 진행할 수 있다. 어휘력과 기억력을 동시에 키울 수 있다.

예) Child: "I went to the market and bought apples."

(시장에 가서 사과를 샀어요.)

Mom: "I went to the market and bought apples and bananas." (시장에 가서 사과도 사고 바나나도 샀어요.)

Child: "I went to the market and bought apples and bananas and strawberries." (시장에 가서 사과도 사고 바나나도 사고, 딸기도 샀어요.)

5. **내가 보는 건 뭐게요** I spy : "내 작은 눈으로 보는 것은…"I

spy with my little eyes…이라고 시작해 주변 물건을 묘사하고 상대방이 맞추는 게임. 색깔, 크기, 위치 등 다양한 형용사를 연습할 수 있다.

예) Child: "I spy with my little eyes something green."
(내 작은 눈으로 본 건 초록색이에요.)

Mom: "Is it the tree?" (나무야?)

6. 스무고개 Twenty Questions: "그것은 ~인가요?", "그것은 ~합니까?" 등의 질문 형식을 연습하기에 좋은 게임이다.

예) Mom: "I'm thinking of an animal."
(엄마는 어떤 동물을 생각하고 있어.)

Child: "Is it a mammal?" (포유류야?)

7. 전화놀이 Telephone: 아이들이 줄을 서서 첫 사람의 말을 전달하는 게임. 발음과 듣기 능력 향상에 도움이 된다.

8. 멈춰라 게임 Statues: "즐겁게 춤을 추다가 그대로 멈춰라" 유의 게임 방식에 동작 명령과 감정 표현을 더할 수 있다. 음악이 멈출 때, dancing, jumping, running 등의 동작을 요구할 수 있고, "행복한 동상이에요!"처럼 감정 관련 표현도 연습할 수 있다.

9. **범주 속 단어 말하기** Categories: 주어진 범주 안에서 가능한 한 많은 단어를 말하는 게임. 그림 그리기와 연결해 "집 안에 있는 것"을 그리고 맞추는 식으로 진행할 수 있다.

예) Mom: "Let's name things in the kitchen!"
　　　(주방에 있는 것들을 말해보자!)
　　Child: "Spoon!" (숟가락!)

3장

연령별 영어 학습 로드맵: 우리 아이는 지금 어디쯤일까?

아이의 발달 단계에 맞춰, 거기에 적합한 영어 학습 로드맵을 간단히 살펴보자. 세부적인 목표는 아이의 관심사에 따라 각 가정마다 다를 수 있다. 아이는 손에 닿는 구체적인 사물이나 재료를 통해서만 개념을 명확히 이해할 수 있으며, 대부분의 미취학 아동은 추상적인 개념을 이해하기 어려워한다. 따라서 개념을 설명할 땐 눈에 보이게 바꾸는 것이 필요하다. 이런 과정은 시간과 꾸준한 노력이 필요하다.

학습의 '학(學)'은 학교같은 기관에서 배우는 것을, '습(習)'은 가정과 학생이 반복해서 익히는 것을 의미한다. 특히 미취학 아동에게 영어는 학습보다 습득의 비중이 더 크기 때문에 가정에서 충분한 노출과 반복으로 자연스럽게 접할 수 있도록 돕는 것이 중요하다.

만 3세 교실에서는 학습적인 요소가 약 1퍼센트이고, 놀이와 게임, 노래 등 재미 요소가 99퍼센트를 차지한다. 만 5세가 되면 학습과 놀이의 비율이 70:30으로 변하지만, 여전히 놀이가 큰 비중을 차지한다.

1
만 3~4세
호기심 하나면 충분한 첫 영어 여행

만 3~4세는 감정 기복이 심한 시기다. 그래서 좋아하다가 금세 싫어지는 변덕을 자주 보인다. 쉽게 싫증을 느끼고, 소변 참기도 어려워 수시로 화장실을 찾는다. 논리적인 사고력이 아직 완성되지 않아, 교육 효과를 기대하긴 어렵다. 이 시기에는 자아가 형성되는 중이므로, 글자나 숫자를 배우다 틀리면 쉽게 위축된다. 아이는 "틀렸다"는 말을 듣는 순간, 그 사실을 부정적인 정체성으로 연결 지어버리기 때문이다. 따라서 이 시기에는 학습보다는 자연 관찰, 만들기, 동요 부르기 등 정답이 없는 활동을 통해 건강한 자아상을 형성하는 것이 중요하다.

만 3~4세 아이들은 친구의 존재를 인식하기 시작한다. 엄마-아빠-나의 관계에 친구가 점차 들어오기 시작하면서, 병행 놀이를 즐긴다. 만 3세 1학기에는 친구 옆에서 각자 놀잇감을 가지고 노는 경우가 많지만, 2학기가 되면 친구와 주고받는 말이 점점 많아진다. 그러나 어른 입장에서 보면 이 대화를 '대화'라 부르기 어려울 때가 많다. 각자 자신의 말만 하기 때문이다. 예를 들어, 한 아이가 새로운 단어인 "기절"을 배워와서 "기절!"이라고 외치고, 다른 아이는 "기절이 뭐야?"라고 묻는다. 이어서 "우리 엄마가 매운 걸 먹고 기절할 것 같대"라는 대답이 나오고, 대화는 거기서 끝난다. 생년월일이 빠른 아이들 사이의 대화조차 길게 이어지지 않으며, 특히 남자아이들은 대화 자체가 거의 없다.

승패가 명확한 보드게임은 이 시기에 적절할까? 인지 향상에 도움이 되는 보드게임이 시중에 많지만, 감정 조절이 아직 서툰 만 3~4세 아이에게는 "진다"는 경험은 큰 정서적 충격을 줄 수 있다. 패배 시 크게 울거나 지기 싫어 반칙을 하기도 한다. 이긴다는 것은 이 시기의 아이들에게 "나는 좋은 사람이야!"라는 자기 평가와 연결되기 때문이다. 이런 상황에서는 1인 보드게임이나 협동 보드게임을 선택하거나, 아이가 만 5세가 될 때까지 보드게임을 미루는 것도 괜찮은 방법이다.

2학기쯤 되면 아이들 사이에서 비로소 '대화'가 시작되고, 친구의 존재를 인식하며 2~3명씩 함께 놀이를 시작한다. 그

놀이도 주로 블록을 가지고 몇 마디 대화를 주고받는 정도다. 이 시기에는 영어 영상 노출, 원서 읽기, 영어 동요 부르기가 좋다. 스토리에 흥미를 가지며, 음운·음률에 자연스럽게 노출되어 영어의 감을 올려준다. 대부분의 유치원과 어린이집에서는 영어 특성화 프로그램을 시작하는데, 처음 영어를 접하는 아이들도 많다. 이때 영어에 흥미가 생기기 시작하면, 자연스럽게 노출을 늘려주는 것이 좋다. 아이가 영어를 즐기는 모습을 보고 당장 영어학원에 보내고 싶어질 수 있지만, 이 시기에는 놀이식 접근이 더 현명하다.

이 시기의 아이들은 금방 싫증을 낸다. 처음에는 좋아하다가도 반복 학습이 많아지거나 숙제가 생기면 쉽게 지루해한다. 하지만 학습식 영어 교육은 반복적인 활동이 필수이기 때문에, 이 시기 아이들이 싫어할 가능성이 높다.

이 시기 아이들은 모국어로 짧은 문장을 사용하기 시작하며, 영어도 마찬가지로 단어와 간단한 구문을 배우기 시작한다. 가정에서는 영어 영상을 함께 보고, 영어 동요를 함께 부르고, 원서를 읽어주면 단어와 짧은 문장을 자연스럽게 발화하기 시작한다.

또한, 예전에는 내가 틀어주는 것만 보던 아이가, 이제는 리모컨을 직접 눌러 자신이 보고 싶은 프로그램을 찾기 시작한다. 우리 집 TV는 넷플릭스에 접속하려면 버튼을 3~4번 눌

러야 한다. 자아가 발달하며 "나는 리모컨을 다룰 수 있는 멋진 사람"이라는 자부심을 가진 아이에게 넷플릭스를 영어 설정으로 해두고 마음껏 영어 프로그램을 탐색하게 했다. 단, 자신이 한번 고른 영상은 처음 20분 동안 끄지 않고 끝까지 봐야 한다는 조건을 두었다. 아이는 자신의 선택에 대한 자부심으로 즐겁게 영어 영상을 시청했다.

아이가 학습식 영어 유치원을 다니기 시작했다면, 집에서는 영어 유치원에서 채워주지 못한 부분을 채워주는 것이 중요하다. 예를 들어, 팀 스포츠를 통해 "우리 팀"이라는 사회적 결속력을 경험하거나, 슬라임 만들기와 같은 심리적인 안정감을 주는 활동, 집에서 쉴 수 있는 시간을 마련해주는 것이 좋다.

집중력이 짧고 자아가 형성되는 만 3~4세 아이들의 영어 활동은 주로 춤과 노래를 중심으로 이루어진다. 이 시기는 부모나 교사 모두에게 가장 많은 에너지가 필요한 연령대다. 따라서 영어 과외 선생님을 고를 때는 하루 많은 학생을 가르치는 강사보다, 2~3명의 소수 학생만 담당하는 강사가 더 적합하다. 만들기, 노래, 춤 등 활동적인 수업이 지속되면 강사의 체력이 급격히 소진될 수 있기 때문이다.

실질적인 영어 학습 목표를 설정할 때는 앞에서도 언급한 블룸의 분류 체계를 참조하자. 이 체계에서 만 3~4세 수준에서 할 수 있는 활동을 보자. 내가 자주 활용하는 활동은 반복하기repeat, 암기하기memorize, 분류하기classify 등이다. 예를 들어 《갈색 곰아, 갈색 곰아, 무엇을 보고 있니? *Brown Bear, Brown Bear, What Do You See?*》 같은 책을 읽고 나면, 그 책과 관련된 노래를 배우고 외우게 한다. 다행히 유튜브에는 관련된 노래와 "크게 읽어보세요"read aloud 동영상이 많이 있다. 책에 나온 동물들(brown bear, yellow duck, blue horse 등)의 단어 카드를 책에 나온 순서대로 놓게 하거나, 다리가 4개인 동물과 2개인 동물을 분류하는 작업을 할 수 있다.

만 4세가 되면, 간단한 파닉스 활동을 시작할 수 있다. 예를 들어, 단어 속에서 c를 찾아보거나 m을 찾아보게 한다. 익숙해지면 T차트를 사용해 c로 시작하는 단어와 t로 시작하는 단어를 분류할 수 있다. 알파벳을 점토나 나뭇잎으로 만들거나 색칠하는 것도 좋다. 이러한 과정은 아이의 소근육 발달을 촉진하며, 알파벳과 그 단어 모양을 인지하게 도와준다.

2
만 5세
친구들과 함께 배우는 영어의 힘

만 5세가 지나 여섯 번째 생일을 맞이하면, 인지 능력이 급격히 발달하기 시작한다. 이 시기는 본격적으로 학습을 할 수 있는 나이로, 아이가 논리적인 사고를 통해 자신의 생각을 표현하기 시작한다. 이때부터는 자신만의 논리를 들어 말대답을 시작하는데, 부모의 입장에서는 말대꾸처럼 보일 수 있다. 그러나 아이는 자신이 원하는 것을 이루지 못했을 때 화를 내거나 떼를 쓰는 대신 말로 설득하려는 노력을 보이는 것이다. 또한, 감정 조절 능력도 발달하여 수업 중 화장실도 참을 만큼 자기조절력이 자란다. 건강한 자아상을 형성한 만 5세부터는 한글, 수, 영어 등 학습 과정에서 틀린 부분을 지적받아도 자존감이 흔들리지 않는다.

만 4~5세 교실의 또 다른 중요한 특징은 친구 관계다. 여자아이들의 엄마들로부터 "우리 아이가 친구 때문에 힘들어해요"라는 전화를 종종 받는다. 엄마-아빠-나-친구 사이에서 친구의 비중이 점점 커지기 때문이다. 주말에 집에서 레고 작품을 만들면, 월요일에 유치원에서 친구들에게 자랑하고 싶어 사진을 찍어 보내달라고 하는 경우도 많다. 이처럼 아이들은 친구 관계 속에서 자신을 표현하고 사회성을 키워 간다.

이 시기부터 아이들의 인지 학습 능력이 급격히 성장한다. 만 7세에 학교에 입학하는 이유가 여기에 있다. 읽기와 쓰기 능력도 비약적으로 발달한다. 이전에는 글자를 쓰는 건지 그림을 그리는 건지 구분이 모호했다면, 이제 글자답게 쓰기 시작한다. 아이들은 좋아하는 친구들에게 초대장을 쓰거나 생일 축하 카드를 적으며, 글자로 정보를 전달할 수 있다는 사실을 깨닫고 쓰기 활동을 활발히 이어간다.

만 5세, 즉 예비 초등학교 시기로 갈수록 아이들은 쓰기 능력이 자라고, 앉아서 집중할 힘도 생겨 다소 학습이 가미된 활동도 가능해진다. 예를 들어 "Brown Bear, Brown Bear, What Do You See?"에서 블룸의 분류 체계 가장 상위 단계인 '창조create' 단계까지 나아갈 수 있다. 책에 없는 동물들을 넣어 자신만의 "Brown Bear, Brown Bear, What Do You See?" 책을 만들어보는 것이다. 이를 그림으로 그리고, 단어를 합치면 한 권의 책이 완성된다.

이러한 책 만들기 활동은 아이들이 좋아하는 쓰기 활동 중 하나이다. A4용지를 반으로 잘라 스테이플러로 묶어 오른쪽 면에 글을 쓰는 방법은 간단하면서도 꽤 효과적인 방식이다. 혹은 인터넷에서 빈 책을 구매해 프로젝트나 방학 이야기를 적는 용도로 사용하기도 한다. 책을 쓰는 활동은 한글이든 영어든 상관없이, 아이가 깊게 탐구하고 적어내는 과정이므로 의미가 있다. 예를 들어 아이가 보석에 관심이 있다면 보석 이름을 쭉 나열하는 것만으로도 훌륭한 책이 될 수 있다. 인지력이 발달하고 손끝 힘이 좋아질수록 아이가 적을 내용도 점점 많아진다.

만 5세 아이들은 대부분 한글을 읽을 수 있다. 만 4세에 자신의 이름만 쓰던 아이들이 만 5세가 되면서 금방 글자를 읽고 쓰기 시작한다. 한글을 읽고 쓸 줄 알고, 영어에 2년 이상 익숙해진 아이라면 만 7세부터 영어 읽기를 천천히 시작해보는 것을 추천한다. 이미 유치원이나 어린이집에서 파닉스를 배운 아이들은 몇 글자는 읽고 있을 가능성이 크다.

특히 만 5세 아이들은 노래와 율동을 할 때 부끄러워하는 경우가 많아진다. 따라서 수업 시간에는 파닉스와 노래 위주로 진행한다. 아이들은 자신이 유치원에서 가장 나이가 많은 형님, 누나라고 생각하며, 수업 중에 "공부는 언제 시작해요?"라고 묻기도 한다. 만 5세가 되면 아이가 본격적으로 학령기의 모습을 보이기 시작한다.

4장

영어 유치원 현명하게 선택하기

1
영어 유치원,
보내야 할까 말아야 할까?

 "제이쌤, 첫째 영어 유치원 꼭 보내. 다른 건 몰라도 유아기엔 영어만 잘 잡으면 돼. 나는 연우 안 보내서 너무 후회했어. 예지는 영어 유치원 보냈는데 정말 잘 선택한 거 같아. 지금도 첫째랑 영어 실력이 차원이 달라. 연우는 대학을 갔는데도 영어 때문에 힘들어하는데, 예지는 편하게 영어를 공부하고 있지. 예지는 고등학교 가서도 영어 편안하게 잘할 거야. 그러니까 제이쌤도 첫째 꼭 영어 유치원 보내. 집에서는 가족이랑 많이 놀러 다니고, 책 많이 읽히면 돼."
 주변에 영어 강사 선생님들이 많다 보니, 영어 유치원에 대한 다양한 의견이 나온다. 그중 영어 유치원을 찬성하는 강사들도 있다. 사실 한 달에 150만 원이 넘는 영어 유치원에는 경제적으로 여유 있는 전문직 학부모들이 많기 때문에, "공부를 안 했던 엄마들이 영어 유치원을 보낸다"는 말은 의미 없는 질투에 불과하다. 그러면 영어 유치원을 찬성하는 사람들의 이유는 무엇일까?

위에 언급한 쥴리아 선생은 내가 아이들 교육 문제로 자주 상담하는 분으로 대표적인 영어 유치원 찬성파이다. 대치동에 살며 첫째를 과학고- SKY에 보냈고, 둘째는 자사고에서도 최상위권이다. 나에게 현실적인 조언을 아끼지 않으며, 특히 학원과 강사, 수업 방식까지 매우 구체적으로 알려주신다(참고로 또래 엄마들은 좋은 강사를 알더라도 잘 공유하지 않는다). 선생님의 아이 이야기를 듣다 보면 영어 유치원이 어떤 아이에게 적합하고, 가정에서 어떻게 해줘야 하는지에 대한 인사이트를 얻게 된다.

쥴리아 선생님은 첫째 스케줄에 맞춰, 어릴 때부터 예지와 여기저기 많이 다녔다. 특히 예술의전당을 많이 다녔고, 오빠가 영어 공부하는 걸 옆에서 지켜보며, 엄마가 집에서 영어 동화책을 읽어줬다. 5살에 놀이식 영어 유치원에 다니면서 숙제 없이 즐겁게 배우고, 하원 후 친구들과 롯데월드에서 놀다 오빠 학원이 끝나는 시간에 집으로 돌아왔다는 것이다. 예지는 롯데월드 간판과 지도로 한글을 뗀 것 같다나. 당시 놀이식 영어 유치원은 진짜 놀이 중심이라 숙제가 없어 가능했던 일정이었다(지금은 5살부터 쓰기 숙제가 나오는 곳이 많다).

예지는 그렇게 한글을 자연스럽게 익히고, 영어도 스스로 읽기 시작했다. 다만 수학은 어려워해서 오빠가 사용하던 교구로 놀면서 연산을 배웠다. 아이의 상상력을 실현할 수 있도록 도와주는 미술학원을 찾아 보냈다. 우드폼으로 지하세계를 만들고 전선을 연결해 불빛을 켜는 활동을 하는 미술학원을 다녔다. 이렇게 놀이식 영어 유치원, 미술학원 그리고 책읽기를 기반으로 대치동에서 가장 들어가기 어렵다는 P어학원과 H수학학원을 입학했고, 6학년까지 탑 반을 유지했다.

쥴리아 선생은 "내가 해준 건 없고, 예지가 잘한 것"이라고 했지만, 주목할 점은 "영어"에만 매달리지 않았다는 것이다. 오히려 예지를 2시에 하원시켜 종일 뛰어놀게 하고, 창작 미술학원에서 아이가 스스로 생각하고 표현하는 연습을 하도록 했다. 이를 통해 스트레스를 해소하고 창의성을 키웠다.

영어 유치원에 보냈다면, 가정에서는 더 많이 놀게 하고 응원하며 정서적 안정감과 자기 효능감을 키워줘야 한다. 그리고 중요한 것은 6살부터 시작되는 영어 숙제를 아이가 스스로 해낼 수 있는지 꾸준히 살피는 것이다.

영어 유치원의 숙제는 보통 복습을 목표로 해야 한다. 수업에서 배운 알파벳이나 단어를 다시 익히도록 구성된다. 예를 들어, 수업 시간에 'a'를 배우고 'apple', 'airplane' 같은 단어를 익혔다면, 숙제는 'a'로 시작하는 단어를 색칠하거나 써보는 활동이 주가 된다.

만약 아이가 숙제를 잘 따라가지 못한다면, 수업에 집중하지 못했거나 유치원 방식이 아이와 맞지 않을 수 있다. 숙제가 아이의 수준에 맞고 스스로 해낼 수 있을 정도라면 그 유치원은 아이에게 맞는 곳이다. 하지만 숙제가 점점 어려워지고 따라가기 힘들다면, 다른 영어 유치원이나 일반 유치원도 고려해야 한다.

일반 유치원에서 영어 특성화 수업을 하루 2시간씩 듣더라도, 겉으로 드러나는 실력은 영어 유치원 출신만큼 따라가기 어렵다. 특히 말하기와 듣기 영역에서는 차이가 더 뚜렷하게 나타난다.

초등학교 3학년까지는 영어 유치원 출신 아이들이 잘하는 것이 자연스럽다. 이들은 어려서부터 영어 환경에 장기간 노출되었을 뿐 아니라, 수업 시간에 앉아서 듣고 따라 하는 훈련이 잘 되어 있어, 강사 입장에서도 수업 진행이 수월하다. 하지만 이 효과는 초등 3학년 이후부터 점차 줄어든다. 영어 유치원부터 성인기까지 꾸준히 영어 실력을 유지하는 아이들의 특징을 보면 다음과 같다.

1) 부모 중 한 명이 영어를 잘하는 경우

영어가 일상인 환경에서 자란 아이는 영어를 자연스럽게 익힌다. 다만, 영어로 듣고 말하기를 잘한다고 해서 입시 영어를 잘 본다는 의미는 아니다. 대한민국에서 한글을 아무 장애 없이 잘 쓰는 사람도 수능 국어 시험을 잘 보려면 별도의 공부가 필요하듯이, 영어 시험도 결국은 따로 준비가 필요하다. 이들은 영어 듣기와 말하기에 특화되어 있고, 말하기 수행평가에서 특히 앞서 나간다.

2) 영어권 거주 경험자, 리터니 Returnee

어린 시절 3~5년간 영어권에서 생활한 아이들은 발음과 문법적 감각이 뛰어나고 유창한 말하기 능력을 보인다. 하지만 읽기와 쓰기 실력은 교육 환경에 따라 차이가 크다. 청소년이나 성인이 되어 영어권에서 생활한 경험만으로는 입시에서 필요한 수준 높은 영어 실력을 갖추기 어렵다.

3) 영어 유치원과 상위권 어학원 병행 그룹

영어 유치원을 거쳐 중학교까지 수준 높은 영어 학원을 다닌 학생들은 원어민 수준에 가까운 실력을 갖춘다. 오히려 국어 성적이 고민거리가 되기도 하며, 국내 대학보다 해외 대학 진학을 목표로 하는 경우가 많다.

4) 단계적 상향 이동 그룹

일반 유치원 출신으로 초등학교부터 작은 영어 교습소에서 시작해 점진적으로 상위 학원으로 이동하여 최고 수준의 영어 학원까지 진학하는 경우다. 이들은 영어에서 얻는 성취감을 동력 삼아 실력을 키운다.

내 수업을 듣는 학생들은 주로 3번과 4번 집단이다. 이들은 영어 유치원에서 소위 탑3 학원을 준비하는 시기부터 만나 꾸준히 영어 쓰기를 중심으로 수업을 받는다. 때로는 수학과 과학에 집중하기 위해 영어 수업을 주 1회로 줄이는 경우도 있다. 내 역할은 미취학 아동을 초등 대형학원에, 초등학생을 중학교 대형 학원에 연결해주는 브릿지 수업과, 대형 학원의 보충 수업을 제공하는 것이다.

수업에서는 영어 유치원의 커리큘럼 이해도와 학습 목표 달성 정도를 확인한다. 리딩 교재 이해도, 어휘력, 학습 내용 소화 정도를 확인하며, 현재 학습 중인 주제에 대해 대화하며 이해도를 파악한다. 관심 있는 주제라면 아이들은 자발적으로 열정적인 이야기를 들려주는데, 이는 유아기의 전형적인 특징이다.

2
후회 없는 영어 유치원 선택법

 영어 유치원을 선택할 때 중요한 것은 아이의 한국어 실력이다. 5살까지는 영어 유치원을 다니는 아이와 일반 유치원을 다니는 아이의 한국어 실력이 큰 차이가 나지 않지만, 7살이 되면 차이가 명확해진다. 영어 유치원에 다닌다고 해서 같은 환경의 아이들과만 비교해서는 안 된다. 일반 유치원 아이들과도 충분히 어울리며 노는 시간을 확보해야 한다. 하지만 현실에서는 영어 유치원의 과도한 숙제와 사고력 수학 숙제에 매달려 놀 시간이 부족한 경우가 많다.

 사회성 발달은 생후 36개월부터 중요한 과제가 된다. 미취학 시기에 뇌의 90퍼센트가 발달하는데, 이때 아이는 사회적 기술을 익히고 자신의 문화권에서 성공하는 데 필요한 능력을 배운다. 특히 자유 놀이는 신체 발달과 사회성 향상에 중요한 역할을 한다. 3세까지는 같은 공간에서 각자 놀이하는 병행 놀이가 주를 이루지만, 협력 놀이가 시작되면서 다양한 갈등 상황이 발생한다. 아이들은 안전한 환경 속에서 이러한 갈등을 경험하고 해결하는 법을 배워야 한다.

예를 들어, 아이가 지우와 놀고 싶어 하지만 지우는 윤지와 놀고 싶어 하는 상황이나, 자신보다 멋져 보이는 아이의 행동을 모방하는 경우도 있다. 그 행동이 설령 나쁜 말이라도 말이다. 유치원에서는 비교적 안전한 환경 속에서 위험을 감수하는 용기와 공포를 극복하는 법을 배울 기회도 얻을 수 있다. 그러나 교사 주도의 수업이 중심인 영어 유치원에서는 이런 갈등을 경험하고 해결할 기회가 부족하다. 따라서 영어 유치원을 선택했다면, 사회성과 모국어 능력 확장에 더 신경 써야 한다.

우리 아이 맞춤 유치원 찾기: 학습 방식부터 환경까지

그렇다면 좋은 영어 유치원이 없는 걸까? 그렇지 않다. 양질의 영어 유치원은 분명 존재한다. 특히 과도한 학습 대신 영어로 진행되는 교사 중심 놀이 수업을 운영하는 기관들도 있다. 이는 놀이식 영어 유치원이나 국제학교 유치부와 비슷한 형태다. 가정에서 충분한 만들기와 운동 활동이 전제된다면, 영어 유치원을 고려할 때는 이러한 놀이 중심 영어 유치원이나 국제학교 유치부가 더 적합하다. 이러한 환경에서는 영어에 대한 부담이 적고, 인위적이지 않은 자연스러운 영어 환경 속에서 놀이를 통해 학습이 이루어진다.

다만, 이런 놀이식 영어 유치원 졸업생들의 읽기나 쓰기 능력이 일반 유치원 졸업생과 비슷한 수준일 수 있다는 점을 부모가 이해해야 한다. 월 200만 원 정도의 상당한 교육비를 지불했더라도, 초등학교 저학년 때 다른 아이들과 같은 파닉스 교실에 앉아 있을 수 있다. 물론 풍부한 영어 노출 시간 덕분에 말하기와 듣기 능력은 더 우수한 경우가 많다.

반면, 학습식 영어 유치원이 잘 맞는 아이들도 있다. 체력이 좋고 경쟁심이 강하며, 소근육 발달이 빠르고 글자를 빨리 익히는 아이들, 특히 여자아이들이 여기에 잘 맞는다. 이런 아이들은 학습식 영어 유치원이 적합할 수 있다. 영어 유치원에서 자존감이 흔들릴 이유는 없다. 다만, 부모가 영어 유치원에 대한 높은 기대감 때문에 아이에게 더 많은 것을 요구하게 되는 상황이 생기지 않도록 적절히 조율해야 한다. 영어 유치원들은 졸업생들의 읽기 레벨과 진학한 어학원 수준을 홍보 수단으로 사용하는 경우가 많기 때문이다.

아이가 언어 재능이 뛰어나고 학습 동기가 강하다면, 영어 유치원을 고려할 수 있다. 영어 유치원을 선택하기로 했다면, 선생님의 경력과 놀이 공간, 놀잇감이 충분한지 꼭 확인해야 한다.

학습식 영어 유치원의 물리적 환경은 종종 우려스럽다. 빽빽하게 놓인 책상들 사이에 20명의 아이들을 위한 놀잇감이 듀플로 블록 한 통 정도밖에 없는 경우가 많고, 그마저도 놀이 공간이 부족하다. 만 3세 아이가 하루 6시간을 딱딱한 책상과 의자에서 보내는 건 과도한 부담이 될 수 있다. 입시까지 아직 15년이나 남은 시점에서 이런 환경을 미리 경험한다고 해서 영어 실력이 월등히 향상되거나 고등학교 내신 1등급이 보장되는 것은 아니다.

화장실의 청결성과 접근성도 중요한 요소다. 특히 학습식 영어 유치원은 긴장도가 높은 환경이므로 화장실까지의 접근성을 확인해야 한다. 만약 화장실이 교실 밖에 있다면, 3세 유아가 혼자서 어떻게 그곳을 이용할지 동선을 체크해보는 것이 좋다. 화장실에 가고 싶다고 하면 한국인 담임 선생님이 자리를 비울 수밖에 없는데, 그때 남은 아이들을 원어민 선생님이 혼자 돌봐야 할 수도 있다. 보조 선생님이나 누리 선생님 등 도와줄 수 있는 선생님이 몇 명이나 있는지, 몇 시까지 근무하는지도 확인해야 한다. 보조 선생님이 오후 2시까지만 근무하고 원어민 선생님이 초등학교 수업을 맡으러 간다면, 아이들은 특강 선생님과 한국인 담임 선생님이 남아 있는지, 아니면 특강 선생님만 계신지 등 어른과 아이의 비율을 잘 살펴보아야 한다.

교사 대 아이 비율은 가정마다 기준이 다를 수 있다. 내가 유치원에서 근무할 당시에는 만 3세 기준 1:20의 비율에서 담임과 부담임 선생님, 그리고 누리 선생님이 이렇게 3명이 함께 있는 것에 익숙했다. 즉, 3명의 선생님이 20명의 아이를 돌보는 구조였으니, 1:7~8의 비율이었다. 그렇게 만 5세가 되면 아이들의 수가 30명 가까이로 많아지지만 안정적으로 유치원 생활을 할 수 있었다.

반면, 놀이 학교에 익숙한 부모들은 한 반에 담임 한 명과 아이 5~7명, 1:5나 1:7의 비율만 봐왔기 때문에 이보다 높은 비율을 불안해할 수 있다. 매일 키즈노트 같은 소식을 받아야 마음이 놓인다면, 그런 유치원을 찾아야 한다. 키즈노트나 알림장을 통해 부모와 소통이 원활한지도 확인할 필요가 있다.

다음으로 체크할 부분은 선생님의 학력과 경력이다. 원어민 선생님의 경력은 학기 시작 전에 반드시 확인해야 하며, 아이와의 인성적인 조화를 파악하기 위해 학기 내내 주의 깊게 살펴보는 것이 중요하다. 필요하다면 아이를 다른 유치원으로 옮기는 것도 고려할 수 있다. 요즘 영어 유치원 원장들의 가장 큰 고민 중 하나는 "괜찮은 원어민 선생님 찾기"이다. 학벌과 경력이 뛰어나고 활발한 원어민 선생님, 그리고 단호하면서도 친절한 한국인 부담임 선생님이 조화를 이루는 것이 가장 이상적이기 때문이다.

10년 넘게 유아 영어 교육 현장에서 일하면서 수많은 원어민 선생님을 만났다. 그중에서 '우리 아이를 맡기고 싶다'는 확신이 들었던 선생님은 단 한 분뿐이었다. 그는 미국 미시간 대학교에서 초등 교육 석사 학위를 받았고, 한국인 아내와 결혼해 3살과 5살 아이를 둔 가장이었다. 주말이면 가족과 함께 국립중앙박물관이나 용산 어린이공원에 자주 가고, 여의도 공원에서 아내와 함께 달리기를 즐기는 사람이었.

이처럼 아이와 생활 전반을 공유하며 교육적 감수성을 지닌 선생님은 드물다. 특히 국제학교에서의 경력은 교육자로서 커리어에도 긍정적으로 작용하지만, 한국에서의 학원 경력은 미국에서는 '물경력'으로 간주되기도 한다. 국제학교는 학원보다 처우와 복지가 훨씬 나은 편이며, 보수적인 한국 학부모들을 고려해 유아 교사 채용 시 문신, 복장 등에 대해서도 더 엄격한 기준을 적용한다.

한국은 글로벌 기업들이 신제품을 먼저 출시하여 반응을

살피는 테스트베드로 인정받을 만큼 까다로운 시장이다. 그런데 영어 유치원만큼은 여전히 '깜깜이 등록'이 많은 것이 현실이다. 학원 선택 시 강사의 학력과 경력을 꼼꼼히 따지는 한국 부모들이, 정작 아이가 대부분의 시간을 보내는 영어 유치원의 원어민 교사에 대해서는 출신국, 학력, 경력 등을 제대로 확인하지 않는 경우가 많다는 점은 아이러니하다.

대부분의 영어 유치원은 입학금을 납부하고 반이 배정된 후 오리엔테이션에서야 원어민 교사의 정보를 공개한다. 한 유명 놀이학교에서는 단순히 '백인 여성'이라는 이유로 프랑스 국적의 여성을 파트타임 원어민 교사로 채용한 사례도 있었다. 영어 실력만이 아닌, 우수한 학력과 경력을 갖추고 외국어 학습 경험이 있는 교포나 한국인 교사에게 수준 높은 영어를 배우게 하고 싶다. 단순한 생활영어를 넘어선 수준 높은 영어 교육이 목표이기 때문이다.

선생님의 복장, 행동, 말투, 사용하는 단어 하나하나가 아이들에게 많은 영향을 준다. 연말쯤 아이들을 관찰하면, 아이들은 담임 선생님의 '따라쟁이'가 되어 있다. 미술을 사랑하는 선생님의 교실에는 작은 아티스트들이 모여 있고, 통기타와 피아노를 즐겨 치는 선생님 주변에는 항상 노래를 부르며 춤을 추는 꼬마 음유시인들이 가득하다. 나도 우리 아이의 영어 유치원 선생님이 영어만 가르치는 것이 아니라, 정서적·정신적 안정감을 주고, 체력과 사회성도 발달시켜주기를 바란다. 원어민 선생님들의 수가 많아져서, 영어 유치원에서도 이러한 담임 선생님을 충분히 찾을 수 있는 환경이 조성되길 기대한다.

하원 후 영어 숙제로 아이를 숨 막히게 하지 말자. 집에서는 더 많이 안아주고, 진심으로 대하며 글자가 아닌 만들기나 퍼즐, 블록 같은 정형화된 활동에서 벗어나, 아이 스스로 탐색할 수 있는 시간을 충분히 주어야 한다. 사회성을 기르기 위해 놀이터나 축구 등 협력 놀이를 할 수 있는 방과 후 과정도 꼭 챙겨야 한다.

대형 영어 유치원 시스템은 그나마 낫다. Y회사에서 운영하는 P 유치원에서는 공증을 받은 대학 졸업증(아스포티유)을 제출하고, 범죄 경력 조회, 마약 검사용 소변 검사 등을 불시에 실시한다. 그러나 이런 기관에서도 대학 졸업 후 갭이어 차원에서 잠시 머무는 원어민 강사들이 대부분이며, 이들은 결국 본국으로 돌아가게 된다. 부모들이 선호하는 북미 출신 중에서 전문적인 '영어 강사' 목적으로 온 이들은 극소수에 불과하다. 코로나 이후 미국 경제가 회복되며 실업률이 최저치를 기록하면서 한국으로 오는 원어민 강사 수는 더욱 감소하는 추세다. 이미 부족했던 원어민 강사 수급이 더욱 어려워지고 있는 실정이다.

영어 유치원 선택 실전 가이드: 꼭 짚어야 할 질문들

영어 학습은 무엇보다 꾸준함이 중요하다. 가정에서는 복습이 핵심인데, 반드시 쓰기 활동일 필요는 없다. 부모가 아이의 학습 내용을 가볍게 점검하고, 필요할 때 적절한 힌트를 주는 정도면 충분하다. "Universe mean…", "Mars is…" 같은 질문으로 아이의 이해도를 확인할 수 있다. 아이가 대답하지 못하면 배경지식을 채워주거나 직접 경험을 제공한다. 예를 들어, 농장 동물Farm Animals을 배울 때는 농장에 가고, 우주를 배울 때는 천체박물관을 방문한다. 이런 경험은 아이의 이해를 돕고 학습 동기를 부여한다.

대부분의 영어 유치원에서는 7살부터 쓰기 영역에 중점을 둔다. 라이팅 워크숍 위주로 수업을 진행하며, "쇼 앤 텔"이나 프로젝트 발표 시에는 아이의 자발적 스크립트 작성 능력을 확인하고 지원한다. 학원에서는 주제만 제시하고 내용은 아이가 구성하도록 하지만, 대다수 학생이 독자적인 글쓰기에 어려움을 겪는다.

영어 학원 복도에 전시된 글들을 보면 교사의 개입 정도를 파악할 수 있다. 대부분 주어진 템플릿을 채우는 수준이며, 진정으로 창의적인 글은 찾아보기 힘들다. 이는 만 7세 레벨 테스트에서 쓰기 영역이 중요해지면서 영어 유치원의 쓰기 교육 목표가 높아진 결과다. 이로 인해 만 7세부터 읽기와 쓰기에 부담을 느끼는 아이들이 늘어났고, 일반 유치원이나 놀이식 영어 유치원으로 전원하는 사례도 증가했다.

영어 유치원에 물어볼 질문 리스트는 다음과 같다.

- **원장님의 상주 여부**: 원장님이 영어 교육 경력이 있고 상주하는 곳을 추천한다. 원장님의 교육 철학과 일상적 관리가 중요하다.
- **교사의 근속 연수**: 원어민 교사와 한국인 부담임 교사의 근속 연수가 길수록 안정적인 수업이 이루어진다.
- **화장실의 구조**: 긴장감이 높은 환경에서는 화장실 사용이 중요하다. 화장실이 교실 밖에 있는지, 내부에 있는지 확인하고, 남녀가 분리되어 있는지도 체크하자. 화장실을 혼자 다녀오는지, 부담임 선생님이 데리고 가는지도 살펴보는 게 좋다.
- **같은 반 친구들의 영어 수준**: 현재 반 친구들의 영어 실력이 어느 정도인지 묻는 것이 중요하다.
- **진도에 못 따라가는 아이들에 대한 지원**: 진도를 따라가기 힘든 아이들에게 어떤 지원을 제공하는지 알아보자.
- **쉼터 제공 여부**: 피곤한 아이들을 위한 쉼터가 있는지 확인

해야 한다. 아이가 누워서 쉴 수 있는 공간이 있으면 좋다. 특히 5살 아이들은 점심 이후 수업에서 졸기 쉽기 때문에, 우리 아이가 졸 때 깨워서 수업에 참여시킬지, 쉼터에서 쉴 수 있게 할지 미리 정해두자.

- **언어 발달 평가 방법**: 시험 같은 정량평가뿐만 아니라, 담임과 부담임의 관찰을 통한 정성평가가 있는지 확인해보자.
- **언어적 어려움에 대한 지원**: 아이가 언어적으로 어려움을 겪을 때 어떻게 도와주는지 물어보자.
- **부모와의 소통 방법**: 유치원과 부모 간의 의사소통이 영어로 이루어지는지 확인해야 한다.
- **놀이 시간 및 놀잇감 제공**: 아이들이 자유롭게 놀 수 있는 시간과 놀이 공간, 놀잇감이 충분히 마련되어 있는지 확인하자.
- **쉬는 시간과 점심 시간**: 쉬는 시간과 점심 시간이 어떻게 배정되는지, 빈도와 시간을 확인하자.
- **식사 후 남는 시간**: 밥을 빨리 먹는 아이들이 남는 시간에 무엇을 하는지 알아보자.
- **방학 여부**: 보통 영어 유치원은 방학이 일주일 정도씩 있다. 방학이 있는지 확인하자.
- **통합반 운영**: 수업 외 시간에는 누가 어디서 어떻게 아이들을 돌보는지 확인해보자.
- **다쳤을 때의 프로세스**: 아이가 다칠 경우 어떻게 처리되는

지, 연계 병원이 있는지, 특별 보험이 가입되어 있는지도 중요한 체크 포인트다.

사실, 이런 질문들은 설명회에 가면 대부분 답변을 얻을 수 있다.

미취학 시기는 아이가 잠시 숨을 고르며 속도를 조절할 수 있는 드문 기회다. 만약 영어 유치원의 진도를 따라가기 어렵거나 스트레스를 받는다면, 과감하게 멈추고 쉬어갈 수 있는 용기가 필요하다. 그 안에서 부모가 아이를 자신의 교육 철학대로 이끌어가는 일은 생각보다 훨씬 어렵다.

영어 유치원은 앞으로의 15년 교육 과정에서 아주 초기 단계다. 학습 에너지 배분 차원에서 보면, 이 3년 동안은 1퍼센트만 써야 한다. 초등학교에서 19퍼센트, 중학교에서 30퍼센트, 고등학교에서 50퍼센트 느낌으로 에너지를 써야 한다. 그런데 영어 유치원에서 90퍼센트의 에너지를 써버리면, 아이는 번아웃이 올 수밖에 없다. 입시 레이스에서 가장 어려운 점은 에너지를 적게 쓰면서도 꾸준히 달리는 것이다. 그러니 유치원에서 영어를 하고, 집에서는 마음껏 놀게 해주자. 영어 유치원에 보내는 이유는 아이가 영어를 편하게 할 수 있도록 하기 위한 것이지, 영어에 질리게 하려는 것이 아니니까.

가정에서는 유치원이 제공하지 못하는 직접적인 체험을

제공해야 한다. 실제 바다에 가서 경관, 향기, 해양 생물, 모래 사장을 오감으로 체험하는 것이 책으로 배우는 것보다 훨씬 강하게 기억된다. 특히 가족과 함께한 즐거운 감정은 장기 기억 형성에 긍정적인 영향을 미친다. 간접 경험을 통한 지식은 쉽게 사라질 수 있지만, 직접 체험은 오래도록 기억에 남는다.

3
아이의 마음 건강 지키기:
스트레스 관리의 모든 것

영어를 가르치다 보면, 더 큰 가능성이 보이는 아이도 있고 부모 상담이 필요한 아이도 있다. 가장 안타까운 순간은 5살에 반짝이던 아이가 시간이 흐르며 점차 수업에서 멀어지고, 빛을 잃어가는 모습을 마주할 때다. 왜 이런 일이 생기는지 곰곰이 생각해볼 필요가 있다.

저출산이 이어지며, 보육/교육기관 간 경쟁은 점점 치열해지고 있다. 고등부만 가르치던 대형 영어 학원이 중등까지, 중등 학원이 초등으로 내려오고 있다. 이 현상은 사교육에만 국한되지 않는다. 국공립을 비롯한 사립 유치원과 어린이집도 경쟁이 심화되고 있다. '유보 통합'이 되면서 유치원과 어린이집은 더 많은 아이를 유치하기 위해 다양한 프로그램을 도입했다. 직장 어린이집이나 대학 부속 기관을 제외한 대부분의 유치원에서는 하루 1~2시간 정도 정해진 수업 시간을 운영하며, 한글, 숫자, 영어, 역사, 과학실험, 체육, 발레, 방송 댄스, 오감 놀이, 교구 수학, 바이올린, 우쿨렐레 등 특성화 수업이 빼곡히 들어간다. 이 외에도 소풍이나 연말 발표회 등 다양한 행사들이 연중 진행된다. 문제는 이 많은 활동을 아이가 얼마나 소화할 수 있느냐다. 영어 유치원뿐 아니라, 일반 유치원도 일정이 상당히 빡빡하다.

다양한 프로그램을 제공하는 곳이 동네에 있어서 우리 아이에게 좋을 것 같아 선택했지만, 정작 아이는 아직 '앉아서 배우는' 수업에 적응할 준비가 안 된 경우가 많다. 이렇게 "참 착한" 아이는, 숲 학교나 어린이집에서는 선생님들의 사랑을 독차지했을지 모르지만, 타이트한 수업 시간에 맞춰 생활하는 것은 힘겨워할 수 있다.

영어 유치원이 맞는 아이들도 있지만, 만약 20명 중 단 한 명이라도 그 환경에서 큰 스트레스를 받는다면, 그리고 그 아이가 내 아이라면, 그 결과를 가장 크게 감당해야 하는 건 결국 나와 아이다. 정형화된 수업 시간과 경쟁적인 환경 속에서 스트레스는 당연히 뒤따른다. 내가 관찰한 스트레스 신호들은 다음과 같다.

- 연필을 자꾸 떨어뜨린다.
- 멍하니 있는다.
- 자신의 머리를 때린다.
- 표정이 없어진다.
- 말을 하지 않는다.
- 경미한 틱 증상: 눈깜빡임, 입 벌리기, 큼큼거리는 소리 내기
- 불명확한 신체 증상: 배가 아프다거나 손을 씻고 싶다는 호소

아직 소근육 발달이 덜 된 아이들에게 쓰기를 강요하면, 아이는 연필을 자꾸 떨어뜨릴 수밖에 없다. 만 3세 반 아이들의 경우, 워크북 수업에서 연필을 얼마나 자주 떨어뜨리던지, 어떤 영어 유치원에서는 연필, 색연필, 필통 등에 벨크로를 붙여 책상에 고정시켜 놓은 곳도 있었다.

수업 시간 대부분은 강사의 지시에 따라 아이들이 따라 하는 방식으로 진행된다. 하지만 일부 아이들은 지시 설명을 듣지 않고 허공을 멍하니 바라보는 경우가 많다. 워크북을 하는 방법을 설명하거나 다른 친구들이 읽기를 할 때도 이 아이들은 멍하게 앉아 있다가, 막상 자기 차례가 오면 뭘 해야 할지 몰라 우왕좌왕하다가 결국 수업 내용을 놓치게 된다. 멍한 아이들은 경쟁 구조에 적응하지 못하고 마치 마음을 내려놓은

듯한 태도를 보인다. 구석에서 조용히 앉아 있다가 '내 차례는 안 오겠지'하고 조용히 앉아 있는 모습을 보면 안타깝다.

자신의 머리를 때리는 자해 행동을 보이는 아이들은, 주로 단어를 외울 때 실수하고 자책하는 경우다. "아후! 왜 몰라, 진짜!"라며 주먹으로 머리를 내리치는 7살 아이를 보면, 가르치는 입장에서 '이렇게까지 해야 하나' 싶은 회의가 든다. 영어 유치원에서 단어 시험 주간이 되면 아이들의 스트레스가 극에 달한다. 이로 인해 아이를 도와주는 숙제 선생님과 학부모도 함께 지치게 된다.

7세가 되면 미국 교과서 기준 3학년 수준의 영어 어학원 입학을 목표로 읽기와 쓰기에 집중한다. 아이들은 단어집, 리딩 수업, 과학 시간을 통해서도 새 어휘를 학습한다. 쓰기 수업의 강도도 높아진다.

이 시기에 상당한 영어 학습 압박을 받는다. 이는 특정 지역의 영어 유치원에만 해당하는 이야기가 아니다. 상위권 영어 학원 진학을 준비하는 일반 유치원 출신 아이들 역시 같은 부담을 겪는다. 정형화된 라이팅과 그에 필요한 배경지식을 위한 집중적인 리딩으로 인해 갑자기 늘어난 숙제와 빠른 진도를 따라가지 못하는 아이들이 생긴다. 일부 아이들은 7세라는 어린 나이에 자신의 무능함을 느끼기 시작한다. 이로 인해 7세에 영어 유치원을 그만두고 일반 유치원으로 돌아오는 아이들이 많다. 특히 어학원 입학시험을 대비하여 영어 유치원에서 본격적으로 달리기 시작하는 7~9월부터 5명 이상의 아이들이 일반 유치원에 입학하는 경우도 흔하다. 이 아이들이 가장 많이 하는 말은 "수업 언제 끝나요?"이다. 무기력하게 앉아 있거나 어려움에 부딪힐 때 자기 머리를 때리는 모습도 볼 수 있다.

표정이 없어지는 것은 스트레스의 한 징후이다. 아이들은 원래 다양한 표정을 가지고 있다. 언어가 발달하기 전, 아동은 자신의 요구와 감정을 대부분 표정과 몸짓으로 표현한다. 아이들은 세계 어디서나 기쁨, 싫음, 쓴맛, 화남 등 다양한 감정을 표정으로 나타낸다. 아이들이 감정을 자유롭게 표현하는 것은 건강한 아동 발달 과정의 일부이며, 이를 긍정적으로 받아들이고 적극적으로 지지해야 한다. 반면, 아이 얼굴에서 표정이 사라지고 로봇처럼 말하기 시작하는 것은 스트레스 징후 중 하나이며, 이럴 때는 심리 변화의 원인을 찾고 해결책을 모색해야 한다.

말을 하지 않는 아이들도 있다. 이들은 친구나 가정에서는 말을 잘하는데, 영어와 관련된 사람이나 상황에서는 말을 하지 않는다. 영어 강사와는 전혀 말을 하지 않거나, 영어 수업 시간에 한 마디도 하지 않는 경우가 있다. 내가 질문을 하면 답하기 위해 손은 들지만, 막상 시키면 말을 하지 않고 멀뚱 멀뚱 쳐다본다. 영어 유치원에서는 이런 아이들의 목소리를 듣기 힘들다. 하지만 부모님과 상담해보면 아이는 집에서 유치원에서 있었던 일을 처음부터 끝까지 모두 전달하고 있었다고 한다. 영어 수업이 어땠냐고 물으면 "재미있었어"라고는 하지만 정작 나는 그 아이의 목소리를 듣기가 힘들다. 이렇게 적응에 실패하고 돌아온 아이들을 보면, 정서적 성숙 후 학습으로서의 영어를 접했다면 더 좋은 결과를 얻을 수 있었을 것이라는 아쉬움이 남는다.

경미한 틱은 흔히 볼 수 있다. 아산병원에서는 틱을 "특별한 이유 없이 자신도 모르게 몸을 움직이거나 소리를 내는 것"으로 정의한다. 예를 들어, 눈을 계속 깜박이거나 머리를 흔들고, 어깨를 실룩거리는 등의 신체적 움직임을 운동 틱이라고 하며, 쿵쿵거리는 소리나 기침 소리처럼 소리를 내는 것은 음성 틱으로 구분한다. 눈 깜빡임, 목을 가다듬는 소리, 얼굴을 찡그리며 입을 "아" 모양으로 만드는 것 등 경미한 틱은 학령기 아동의 10~20퍼센트에서 일시적으로 나타난다. 특히 영어 유치원 생활을 접고 돌아온 유아들, 그중에서도 남아에게서 이런 증상이 자주 관찰된다.

또한 "배가 아파요", "머리 아파요"와 같은 불명확한 신체적 고통을 호소하기도 한다. 나이가 어릴수록 다른 증상보다 더 흔하게 나타난다.

이렇게 다양한 증상을 통해 아이가 스트레스를 받는 원인이 무엇인지 파악하고 그 원인을 줄여야 한다. 특히 미취학 아동에게는 과도한 학업과 정형화된 활동을 줄이고 충분한 놀이와 휴식 시간을 갖도록 도와줘야 한다. 등산, 그림 그리기 등 스트레스를 이겨내는 법을 가르쳐주고, 많이 칭찬하여 자신감을 향상시켜 주자. 학업이나 일상생활에서 아예 손을 놓는 것은 아니다. 숙제 같은 학교생활이나 일상생활에서 아이가 반드시 해야 할 기본 활동에서 아이 책임을 덜어주게 되면 오히려 아이의 자존감이 떨어질 수 있다.

긍정적인 자아를 형성하려면 우선 신체적·정서적 안정감과 부모와의 애착 형성이 우선되어야 한다.

5장

영어만으로는 부족하다: 전인적 성장의 비밀

1
운동이 만드는 평생 자신감

현대 사회에서 아이들은 자극적인 매체와 음식에 둘러싸여 있다. 여가 시간은 영상매체를 보는 시간이 되었고, 운동장 한 바퀴 도는 것조차 힘들어하는 아이들이 늘고 있다. 이처럼 비어 있는 시간을 가장 건강하게 채우는 방법은 고강도 운동이다.

운동은 수학, 논리, 독서 등 인지 기능을 향상시키는 데 효과적이다. 다양한 연구에서 운동과 인지능력 사이의 상관관계가 증명되고 있다. 운동 후 새로운 신경세포가 만들어지는데, 이때 학습을 하면 신경세포 연결이 강화된다는 것이다. 이렇게 형성된 신경세포의 견고한 연결망은 학습 능력을 비약적으로 끌어올린다.

지자체들도 운동과 학교생활의 연관성을 인식하고, 아이들의 체력 증진을 위해 노력하고 있다. 경기도는 줄넘기에 진심이고, 체육센터와 주민센터에서 아동강좌로 수영, 방송댄스, 줄넘기, 탁구 등 다양한 강좌를 제공한다. 미국은 이를 더욱 강조해 테네시주는 매일 30분씩 체육 시간을 넣겠다고 선언했을 정도다.

반면 우리나라는 초등 1~2학년에 정규 체육시간이 사실상 없다. "즐거운 생활"이라는 과목이 음악, 미술, 간단한 신체 활동으로 구성되어 있을 뿐이다. WHO 발표에 따르면 한국 청소년의 운동량은 전 세계 최하위 수준이다. 권장 운동량을 충족하지 못하는 학생 비율이 94.2퍼센트에 달한다. 학교의 "즐거운 생활"은 격렬한 운동이 아닌 "신체 놀이" 수준에 그치고 있다.

격한 운동에는 부상 위험이 뒤따르기 마련이고, 이에 따라 부모들의 민원이 발생할 수도 있다. 이런 민원을 학교 관계자들이 반가워할 리 없다. 그럼에도, 아이들은 격렬한 운동을 통해 어릴 때부터 신체를 적절히 조절하는 방법을 배워야 한다.

어릴 때부터 체계적이고 강도 있는 운동을 경험하는 것은 아이의 신체와 정서 발달 모두에 긍정적인 영향을 준다. 어릴 때 운동을 많이 한 아이들은 성인이 되어서도 사회성이 좋고, 운동을 즐기며 건강한 어른으로 자란다. 특히 축구, 스피드스케이팅, 발레, 리듬체조, 스키처럼 순서나 동작을 기억하며 움직여야 하는 운동은 신체 활동과 인지 능력을 함께 자극한다. 이러한 복합적 운동은 집중력 향상에 탁월한 효과가 있다. 목표 동작의 실행을 위해서는 뇌에서 신체로의 신호 전달이 필요한데, 이 과정에서 도파민이 핵심적인 역할을 한다. 신체와 인지를 동시에 활용하는 운동은 도파민 회로를 강화하여 ADHD 증상 개선에도 도움이 된다.

체력은 공부보다 먼저다

그렇다면 성별에 따라 추천할 만한 운동이 있을까? 스위스의 한 연구에 따르면, 남학생은 팀 스포츠가, 여학생은 개인 운동이 자율성과 책임감을 향상시키는 데 도움이 된다고 한다(Cabane, 2015). 은성이는 5살부터 발레와 축구를 함께 시작했고, 초등 저학년 무렵에는 스케이트, 줄넘기, 달리기 같은 다양한 운동을 병행했다. 발레는 정해진 동작과 순서를 반복하며 몸을 세밀하게 조절하는 훈련으로, 50분 수업 중 20분을 스트레칭에 집중할 만큼 근육 이완이 중요한 운동이었다. 하지만 7살 무렵, '여자들이 하는 운동'이라는 이유로 더는 하고 싶지 않다고 말해 자연스럽게 그만두게 되었다.

축구 훈련을 자세히 보면, 놀이 치료와 매우 유사하다. 공에 한 발씩 번갈아가며 중심을 잡는 훈련, 색깔 콘 위에 공을 올리고 가져오기, 한 손만 사용해 공 막기, 공 피하기 등은 순발력과 균형감각을 키워준다. 정말 놀라운 점은, 팀 스포츠에서는 잘하는 아이와 못하는 아이가 드러나지만, 5살 때는 아이들이 공을 따라 우르르 몰려다니던 모습에서, 시간이 지나면서 나만 잘해서는 팀이 이기지 못한다는 사실을 온몸으로 깨닫게 된다는 것이다. 느린 아이가 공을 잡을 때는 아무도 터치하지 않는 경우도 있다. 요즘 세상에 이렇게 '깍두기 플레이'를 경험할 수 있는 기회가 또 어디에 있을까?

나는 초등학교 5학년까지 바닷가 앞에서 살았고, 여름이면 매일 바디슈트를 입고 바다로 나가 수영을 했다. 태권도장에 다니며 매일 태권도를 했고, 시에서 운영하는 태권도단에 들어가 초등학교 3학년까지 날라차기, 돌려차기, 격파 등을 매일 연습했다. 4학년부터는 육상부에 들어가 도민체전과 전국체전에 나갈 정도로 매일 강도 높은 운동을 했다. 스트레칭 후 흙이 깔린 운동장에서 8바퀴를 도는 루틴을 2년간 반복했다. 그리고 개별 운동에 들어갔는데, 나는 높이뛰기 선수였으므로 매일 같은 거리를 달려와 뛰는 반복적인 훈련을 계속했다.

초등학교 시절에 쌓은 근지구력은 평생 자산이다. 흔히 말하는 대로, 30살부터는 그전에 쌓아둔 근육으로 살아가야 한다는 말에 공감이 간다. 어느 운동을 하더라도 자연스럽게 '이걸 못하겠어? 하면 되겠지'라는 성장 마인드셋이 기본으로 장착되어 있다. 쌓아온 체력 덕분에, 고등학교 시절에도 다른 친구들처럼 밤샘숙제를 하고 다음 날 수업 시간에 남들보다 더 오래 집중할 수 있었다. 미국 유학 시절 병원에 한번 가보지 않은 것은 젊기도 했지만, 어렸을 때부터 해온 운동의 영향이 컸다고 생각한다.

학기 초가 되면 보건실은 북적인다. 학기 초 적응 기간에 높아진 긴장감과 스트레스로 면역력이 떨어져 코로나, 독감, 아토피, 장염, 결막염 등으로 아픈 아이들이 늘어난다. 튼튼한 체력은 12년 입시 레이스의 기본이다. 특히 고등학교는 체력과의 싸움이라 해도 과언이 아니다. 내가 자주 참여하는 10킬로미터 달리기 대회의 가장 큰 고비는 마지막 400미터다. 이미 9.5킬로미터를 달리며 에너지를 다 소진한 상태에서 피부는 쓸리고 호흡도 힘들다. 이때 할 수 있는 건 단 하나, 결승점을 보고 그저 평소처럼 한 발을 더 내딛는 것이다. 입시 레이스도 마찬가지다. 기초 체력이 튼튼한 학생이 마지막 순간에 한 발을 더 내디딜 힘이 있다.

여기서 말하는 운동은 친구들과 놀이터에서 노는 정도가 아니다. WHO 권장 기준에 따르면, 5~17세 어린이와 청소년은 다음과 같은 운동량을 채워야 한다.

1) 매일 평균 60분 이상 중강도에서 고강도 수준의 신체 활동 및 유산소 운동
2) 근력과 뼈를 강화하는 근력 운동을 주 3회 이상

어린이 중강도 운동으로는 하이킹, 스케이트, 자전거 타기 등이 있고, 고강도 운동으로는 달리기, 줄넘기, 태권도, 축구, 농구, 수영, 테니스 등이 있다. 영어 유치원에서 하원 후 잠깐 놀이터에서 노는 정도는 충분하지 않다. 또한, 일주일에 한 번 듣는 운동 수업만으로도 부족하다.

시간과 여건이 부족하다면, 부모가 함께 달리기나 등산을 추천한다. 부모는 달리고 아이는 자전거나 킥보드를 타며 숨이 헐떡일 때까지 운동하는 것이다. 이런 활동은 단순히 즐기는 것이 아니라, 자신의 한계를 뛰어넘는 과정이다. 오르막길에서는 자전거를 내려 끌고 가고, 편의점을 지나칠 때마다 음료수를 먹자고 조르는 상황도 있을 것이다. 그럴 때 참고 목표한 지점까지 달리는 모습을 아이가 보며, 저절로 아이도 목표에 집중하는 법을 배운다. 부모가 운동을 안 하면서 아이만 운동을 하길 바라는 것은, 부모가 책을 읽지 않으면서 아이만 책을 읽길 바라는 것과 같다.

우리 몸은 기억한다. 자전거를 한 번 배우면 언제든 다시 탈 수 있는 것처럼, 어릴 때 스포츠 하나쯤은 제대로 익히게

해주자. 한 번 배워두면 평생 언제든 즐길 수 있는 스포츠다. 아이들이 앞으로도 이런 스포츠를 제대로 즐기며 풍요롭게 살아가길 바란다.

2
영어 노래
단순한 노래가 주는 놀라운 효과

첫째 은성이에게 처음 엄마표 영어를 시작할 때, 〈맥스와 루비Max and Ruby〉로 영어 영상을 접하게 했지만, 이 프로그램에는 〈옥토넛〉이나 〈다니엘 타이거Daniel Tiger〉처럼 따라 부를 수 있는 노래가 부족했다. 영어 학습 초기에는 음율감을 익히는 것이 매우 중요하기에, 〈마더 구즈Mother Goose〉와 너서리 라임Nursery Rhyme 시리즈를 통해 이를 보완했다.

미취학 아동의 영어 교육을 고민하는 학부모들에게 너서리 라임을 추천하는 데는 분명한 이유가 있다. 현대의 많은 영어 동요가 너서리 라임의 기본 멜로디를 토대로 만들어졌기 때문이다. 한국 유치원은 창작 동요 위주지만, 미국에서는 여전히 전통적인 너서리 라임이 널리 쓰인다. 실제로 어린이집이나 영어 유치원에서 배우는 노래들도 대부분 너서리 라임의 멜로디에 새로운 가사를 붙인 형태다.

한국어로 '구전 동요'로 불리는 너서리 라임은 영유아 교육에서 그 가치를 인정받고 있으며, 특히 저연령층에서 효과가 두드러진다. 숫자 세기나 패턴 인식처럼 영유아 인지 발달에 맞는 내용을 담고 있어, 아이들이 자연스럽게 받아들이고 즐길 수 있다. 이러한 교육적 가치를 인정받아 미국의 공립도서관이나 서점의 교육 프로그램에서도 너서리 라임과 〈마더 구즈〉를 쉽게 접할 수 있다.

한국에서 유행하는 엄마표 영어 노래인 유튜브의 〈슈퍼 심플 송〉은 창작 동요에 가깝고 다소 복잡한 노래들이 많다. 영어를 처음 접할 때는 너서리 라임처럼 단순하고 정적인 노래부터 들려주는 것이 좋다. 클래식 너서리 라임은 단순하면서도 친숙하고, 교육적 가치도 높다. 영어를 처음 접하는 아이에게는 엄마나 아빠가 직접 불러주는 잔잔한 고전 동요가 가장 좋다.

흥미롭고 화려한 노래는 아이가 어느 정도 영어 소리에 익숙해진 후에 노출해도 좋다. 마치 달콤한 음식을 먹은 후에는 다른 음식이 싱겁게 느껴지는 것처럼, 처음부터 화려한 영상과 노래를 들려주면 아이는 정적인 노래를 듣지 않으려 한다.

반면, 엄마가 조용하게 불러주는 너서리 라임은 아이에게 정서적 안정감을 준다.

또한, 너서리 라임은 음운 인식을 높이는 데 도움을 준다. 단순한 문장 반복을 통해 아이들이 재미있게 영어를 배울 수 있다. 음운 인식은 알파벳 각각의 소리를 구별하는 능력으로 파닉스 학습의 기초가 되며, 너서리 라임을 통해 자연스럽게 노출된다.

예를 들어 "Baa Baa Black Sheep"(매애매애 검은 양)이라는 노래는 "Yaa Yaa Yellow Sheep"(야 야 노란 양), "Gaa Gaa Green Sheep"(가 가 초록 양) 등으로 변형해 다양한 활동을 할 수 있다. 이런 기본 노래를 엄마와 함께 부르고 영상을 보는 활동은, 아이에게 정서적 안정감을 주는 데 핵심이 있다. 이 안정감은 영어 교육뿐만 아니라 아이의 전반적인 발달에 큰 영향을 미친다. 엄마가 불러주는 단순한 너서리 라임과 〈마더 구즈〉 노래는 아이가 영어를 긍정적으로 받아들이며 첫발을 내딛게 한다.

엄마와 함께 부를 수 있는 너서리 라임 10곡

- Twinkle, Twinkle, Little Star (반짝반짝 작은 별)
- Baa, Baa, Black Sheep (매애매애 검은 양)
- Humpty Dumpty (험프티 덤프티)
- The Wheels on the Bus (버스 바퀴가 빙글빙글)
- London Bridge is Falling Down (런던 다리가 무너진다)
- Five Little Monkeys Jumping on the Bed (침대에서 뛰노는 다섯 원숭이)
- If You're Happy and You Know It (기뻐요 손뼉 쳐요)
- Rain, Rain, Go Away (비야 비야 그쳐라)
- Farmer in the Dell (농부 아저씨 밭에 가요)
- Old MacDonald Had a Farm (맥도날드 아저씨 농장에)

3
한국어가 탄탄해야
영어도 날개를 단다

"몰라요"와 "그냥요"가 알려주는 것들

영어 유치원 2년 차인 7세 지호는 "쇼 앤 텔" 발표를 어려워한다. 이번 달 주제는 "가장 좋아하는 계절은?" What is your favorite season? 으로, 지호는 가장 좋아하는 계절에 대해 간단히 다섯 문장 정도 이야기하면 된다. 하지만 지호는 머뭇거린다. 영어 말하기에 어려움을 느끼는 아이에게 "우리 지호가 가장 좋아하는 계절이 뭘까? 봄? 여름? 가을? 겨울? 선생님은 여름이 좋아. 날씨가 뜨거워서 바다에 갈 수 있고, 맛있는 수박도 먹을 수 있잖아?"라고 물어보았다. 여름에 무엇을 하면 좋은지 묻자, "몰라요"라는 대답이 돌아왔다.

7세 반의 아이들은 너무 떠들어서 조용히 시키는 것이 일이다. 이 나이는 유치원에서 가장 '형님 반'이라서 허세도 부리고, 선생님들의 권력도 잘 파악하고 있다. 이 시기는 인지 능력이 급상승하며 배우는 재미를 한참 느낀다. 지호와 수업이 끝나고, 다음날 7살 친구들에게 "너희가 가장 좋아하는 계절이 뭐야? 좋아하는 이유와 함께 말해줘"라고 물어보았다. 그러자 아이들은 경쟁하듯 손을 들었다. "저는 가을이 좋은데요. 춥지도 덥지도 않은 딱 좋은 날씨예요. 미세먼지도 없고요. 그리고 나뭇잎이 알록달록 변하잖아요? 예뻐요. 또 가을에는 채소와 과일 같은 먹을 것이 많이 나와요. 추석도 있고요…"라며 끝없이 말을 이어갔다.

지호가 다니는 영어 유치원은 프랜차이즈 학원의 유아부로, 놀이식 영어 유치원으로 많이 알려져 있다. 놀이식 영어의 특성상 5~6세에는 놀이학교처럼 특정 커리큘럼에 따라 선생님이 수업과 활동을 함께 진행하지만, 7세가 되면 "쇼 앤 텔"이나 단어 시험과 같은 학습 요소가 포함된다. 7세는 놀이식이든 학습식이든 뭔가를 해야 하는 시기이다. 지호도 5~6세 때 이 유치원에서 계절별로 다양한 독서, 미술 활동, 과학 실험 등을 경험했을 것이다. 흔히들 하듯 봄에는 흩날리는 벚꽃잎을 사용한 활동을, 가을에는 나뭇잎 위에 얼굴을 그리거나 가면 만들기 같은 활동을 했을 것이다. 과학 시간에는 사계절의 특성을 알아보고, 동그라미에 사계절을 그리며 그 계절의 옷차림을 비교하는 활동도 했을 것이다.

하지만 7세가 된 지호의 머릿속에는 원에서 한 활동들이 남아 있지 않다. 지하 주차장으로 데리러 오는 셔틀을 타고 영어 유치원으로 간 후, 하원 후에는 태권도, 미술 등 다양한 사교육을 받고 다시 집으로 돌아간다. 지호는 5~6세 무렵, 바깥에서 계절감을 느끼며 활동한 날이 얼마나 적었는지 눈에 보였다.

조기 영어 교육, 효과와 오해 사이

영어 교육계에서 자주 인용되는 레너버그의 결정적 시기 critical period 이론은 언어 습득에 절대적인 시기가 있으며, 이 시기를 놓치면 '외국어 학습'이라는 다른 차원의 과정이 된다고 설명한다. 그러나 생물학자인 레너버그가 실제로 주장한 결정적 시기는 모국어 습득에 관한 것이었다. 그는 0~1세에 모국어를 제대로 습득하지 못하면 제2, 제3 외국어도 발달이 어렵다고 보았다. 즉, 모국어 습득이 다른 언어 학습의 기반이 된다는 것이다. 그러나 영어 사교육 업계에서 자주 인용하는 레너버그나 촘스키의 이론은 ESL 환경에서 제2외국어 학습을 어떻게 해야 하는지를 말한 것이기 때문에, 우리가 사는 EFL 환경에는 적용하기 어렵다.

우리가 살고 있는 EFL 환경에서는 언어 습득의 절대적 시기 이론이 적합하지 않다. 외국어 사용이 제한적인 EFL 환경에서는 어린 시기에 외국어를 효과적으로 습득하기가 쉽지 않으며, 오히려 언어 노출의 양과 학습 동기, 의지가 더 중요한 요소로 작용한다. 실제로 EFL 환경에서는 학습 의지가 있는 청소년과 성인이 더 빠른 언어 습득을 보이는 경향이 있다. 서울대학교 영어교육과 이병민 교수의 연구(2018)에 따르면, "많은 연구에서 인지적으로 준비된 청소년이나 성인들이 어린이들보다 높은 학습 효과를 보였으며, 장기간의 연구에서도 어린아이들의 언어 습득이 성인이나 청소년보다 빨랐다는 연구는 거의 없었다"고 한다.

조기 영어 교육의 효과를 증명한 연구는 찾아보기 어렵다. 영어 유치원을 다니면 스피킹 실력을 키울 수 있다고 주장하지만, 만 5세 미만의 영어 유치원생들이 사용하는 표현은 대부분 "My favorite food is…"와 같은 유아 수준의 생활 영어 수준에 불과하다. 이 시기에는 엄마의 도움으로 충분한 영어 인풋을 제공하는 것이 어느 정도 가능하다. 하지만 영어 유치원은 고차원적인 사고를 할 수 있는 어학원 입학을 위한 하나의 방법일 뿐, 반드시 정답이 되는 것은 아니다.

주말마다 진행하는 "고학년 대상 영작 수업"에서 가장 어려운 점은 주장하는 글쓰기에서 근거를 찾는 것이다. 예를 들어 가장 흔한 질문인 "가장 좋아하는 계절은?"에 대한 남자아이들의 대답은 보통 다음과 같다.

"여름이요."

"왜?"

"그냥요."

이렇게 4~5문장으로 끝나는 경우가 많다.

반면 여자아이들과의 대화는 훨씬 풍부하다.

"여름이요. 여름에 가족들이랑 워터파크에 갔는데, 그때 워터슬라이드를 탔어요. 너무 재미있었어요. 그리고 거기서 츄러스를 먹었는데 초코 시럽에 찍어 먹으니 진짜 맛있었어요."

이처럼 대화가 끊임없이 이어지기 때문에 적절히 중간에 끊어줘야 할 때도 있다.

"그냥요"처럼 단순하게 답하는 아이들에겐, 자기만의 관점과 이유를 발견할 수 있도록 도왔다. 특히 말문이 막히는 경우에는 최소한의 표현 도구로 5W1H 질문을 활용해 생각을 끌어냈다. 지호의 경우 읽기 숙제를 읽으며 주제를 파악하고, 그에 맞는 핵심어를 중심으로 답을 구성하도록 지도했다. 또 개인적인 경험이나 이미 알고 있는 지식을 연결해 표현할 수 있도록 유도했다. 학부모에게는 지호가 다니는 영어 유치원의 월별 주제를 공유하며 실제 체험 활동을 제안했다. 또한 자신만의 언어로 표현할 수 있도록 격려했으며, 워낙 연필을 잡고 쓰기가 힘든 아이라 대필을 계속해주었다.

사고력을 키우는 신문 읽기:
'몰라요'에서 '내 생각은요'까지

　독해력 향상을 위해서는 책읽기가 효과적이지만, 어린 시기에는 부모와의 대화가 가장 기본이 된다. 그러나 대화 주제가 제한적일 수 있는데, 특히 유치원 생활을 잘 이야기하지 않는 아이와는 새로운 대화 도구가 필요하다. 이때 신문이 매우 유용한 도구가 될 수 있다.
　어린이집이나 유치원에서의 일상을 잘 공유하지 않는 아이들은 의성어나 의태어("투두두두", "부우우우웅") 정도로만 대화하는 경우가 많다. 처음에는 책으로 대화를 시도했으나, 같은 책을 반복해서 읽는 아이와는 다양한 대화를 이어가기가 쉽지 않았다. 그러다 수업 자료를 찾기 위해 매일 보던 신문이 새로운 대화 도구가 되었다. 첫째 은성이가 슬그머니 다가와 함께 신문을 보기 시작했고, 그날 이후로 대화는 훨씬 풍성해졌다.

어린 시기에는 사진을 중심으로 신문을 읽으며 대화를 시작한다. 러시아와 우크라이나 전쟁 기사에서는 전차, 폭격, 나라 잃은 고아들에 대해 이야기하며 평화의 소중함을 나눌 수 있다. 누리호 특집 기사를 읽을 때는 로켓의 구조를 배우고, 과학자들의 인터뷰를 통해 어려움을 접하는 경험을 할 수 있다.

신문을 학습 도구로 활용하는 방법은 더욱 다양하다. 가장 기본은 엄마가 읽어준 내용을 아이가 다시 이야기하게 하는 것이다. 이는 메모리 게임처럼 작업 기억력을 키우는 데 도움이 되며, 중고등학교에서 마주하게 될 서술형 문제 해결 능력 향상에도 효과적이다. 내용을 반복한 후에는 자신의 경험과 연관 지어 생각을 나누고, 마지막으로 그림이나 블록을 통해 자신만의 언어로 재표현하게 하면 더욱 효과적이다.

이런 학습에서 가장 중요한 것은 과거 '경험'과 '내 생각'을 연결 짓는 능력이다. 유학 시절 경험했듯이, 가장 어려운 과제는 단순한 리서치가 아닌 자신의 생각을 녹여내는 성찰 에세이 reflection essay다. 한국의 12년 교육과정에서는 거의 다루지 않는 이 영역을 특히 강조하는 이유가 여기에 있다. 새로 배운 내용이 기존 지식과 어떻게 연결되고 비교되는지를 표현하는 능력은, 책의 저자와 더 깊이 소통할 수 있게 해준다. 그래서 미취학 아동에게는 책 읽기 이전에 다양한 체험이 더욱 중요하다.

초등학교 고학년이 되면 문단 에세이 쓰기를 시작하게 된다. 단순한 창의적 글쓰기나 경험적 글쓰기를 넘어, 설득하는 글쓰기로 발전하는데, 이때 가장 중요한 것이 논리력과 근거 제시다. 환경 보전, 인류의 발달, 일상생활 속 중독, 멸종 보호 동물과 인간의 공존, 세계의 아름다움에 대한 기준 등 고학년이 다루는 주제들은 단순한 경험 나열로는 해결되지 않는다.

처음에는 용돈 인상이나 크리스마스 선물 고르기 같은 친숙한 주제로 시작하지만, 점차 자신의 주장에 대한 탄탄한 근거를 찾아내는 연습으로 발전시켜야 한다. 신문 논설문을 분석하여 저자가 자신의 논지를 어떻게 확장시키고 논리를 발전시키는지를 연구하고, 이를 내 글에 어떻게 적용할지를 고민한다. 덤으로, 고급 독해 기술에 필요한 다양한 배경지식을 신문 읽기를 통해 배울 수 있다.

이처럼 신문 읽기는 단순한 정보 습득을 넘어 사고력 발달과 자기표현력 향상으로 이어진다. 특히 "몰라요"와 "그냥요"로 대화가 끝나버리는 아이들에게, 5W와 1H 서술이 기본인 신문은 세상을 보는 눈을 키우고 자신의 생각을 발전시키는 훌륭한 도구가 된다. 이는 앞으로 마주할 영어뿐 아니라 모든 교과 학습의 바탕이 된다. 어릴 때부터 신문을 통해 대화를 나눠보자.

6장

✳

영역별 맞춤 학습:
4가지 능력 제대로 키우기

1
읽기 전에 듣기부터!
영어 독립은 귀에서 시작된다

아이의 영어 독립을 위한 첫걸음

신입생 OT에서 학부모들을 만나면 늘 강조하는 말이 있다. "집에서 영상을 보여주실 때는 영어로만 보여주시고, 아이가 자기조절력을 키우는 과정이라고 생각해주세요. 가르치는 건 저희가 할 테니, 집에서는 복습과 독서에 집중해주세요."

10년 넘게 파닉스(phonics: 알파벳 각각의 소리를 배우고 이를 조합하여 단어를 읽는 방법을 익히는 영어 교육법)를 가르쳐왔지만, 파닉스가 아이의 첫 영어 경험이 되는 것은 바람직하지 않다. 파닉스는 영어의 시작이 아닌, 영어 '읽기'의 시작점일 뿐이다. 파닉스의 궁극적 목표는 아이가 독립적으로 읽기를 수행하고, 스스로 읽으면서 지식을 습득하게 하는 것이다. 파닉스는 읽기의 기본 규칙을 제공하지만, 이를 통해 자신이 무엇을 읽는지 이해하는 것은 또 다른 문제다. 특히 파닉스를 배운다고 해서 많은 단어를 자동으로 습득할 수 있는 것도 아니다. 단어를 읽는다고 해서 곧바로 의미를 이해하는 건 아니다.

예를 들어, 영어에 꾸준히 노출된 은성이(당시 7세)와 영어 노출이 없던 일반적인 7세의 학원 수업을 비교해보자. 은성이에게 파닉스에 나오는 단어의 뜻을 따로 가르친 적은 거의 없다. 이미 대부분의 단어 뜻을 알고 있었기 때문에, 파닉스 규칙에 따른 단어는 굳이 뜻을 가르치지 않아도 쉽게 이해했다. 라임(rhyme, 두 개 이상의 단어의 끝소리가 비슷하거나 동일한 경우)이나 워드 패밀리(word family, 공통된 특징이나 패턴을 가진 단어 그룹) 같은 문제도 어렵지 않게 풀었다. 4년간의 영어 원서와 영상 노출 덕분에 웬만한 단어의 뜻을 알고 있는 아이는 "엄마, stain이 뭐야? investigate가 무슨 뜻이야?"라며 질문하고, 산책하며 "current는 물이 엄청 빠르게 흐르는 거야"라고 말하거나 "Watch out! snakes are venomous!"(조심하세요! 뱀은 독이 있어요!)라고 했다. 파닉스에 나오는 기본 단어를 훌쩍 넘어선 수준이었다. 이렇게 기본 단어를 많이 아는 상황에서 파닉스를 들어가도 어려운 과정이 파닉스 과정이다.

현재 필자가 근무하는 대치동 일반 유치원의 영어 교육 목표는 연령별로 명확히 구분되어 있다. 만 3세는 알파벳 음가 학습, 만 4세는 자음-모음-자음CVC 구조의 단어와 사이트 워즈● 학습, 만 5세는 짧은 리더스●● 읽기를 목표로 한다. 매일 40분간 진행되는 교사와 학생 간의 수업으로 이러한 목표 달성이 가능하다. 하지만 교사가 아이들에게 '읽기'를 가르칠 수는 있어도, 그것이 단순한 해독decoding에 그칠지, 이해 중심comprehension으로 나아갈지는 가정에서의 영어 노출 정도에 따라 달라진다.

평소에 노출이 없던 아동은 단어 뜻을 하나하나 가르쳐야 한다. 예를 들어, silly, muddy, happy, messy, sorry 같은 단어

● 사이트 워즈(sight words)란 파닉스 규칙에 맞지 않아 소리 내어 읽기 어려우며, 자주 사용되기 때문에 전체 형태를 암기해야 하는 단어들을 말한다.—편집주
●● 영어 학습을 시작하는 아이들을 위해 설계된 단계별 읽기 교재이다. 리더스 시리즈는 파닉스를 막 시작한 초보 학습자부터 기초 독서력을 쌓아가는 초등학생까지를 대상으로 하며, 각 단계별로 난이도가 조절된 책들로 구성되어 있다. 대표적인 리더스 시리즈로는 다음이 있다.
  • Oxford Reading Tree(ORT): 다양한 레벨로 나누어진 이 시리즈는 특히 영국에서 널리 사용되며, 캐릭터인 Biff, Chip, Kipper의 이야기를 통해 아이들이 단계별로 영어를 익히도록 돕는다.
  • Step into Reading: 미국에서 많이 사용되며, 레벨 1부터 5까지 다양한 난도로 구성되어 있다. 인기 캐릭터와 함께 흥미진진한 이야기가 담겨 있어 아이들이 재미있게 학습할 수 있다.—편집주

들을 가르칠 때, 일일이 뜻을 설명하고 패턴 책을 읽어야 한다. 아무리 재미있게 가르쳐도, 다음 날이면 잊고, 한 달 뒤엔 배운 기억조차 희미해지는 경우가 많다. 다행히 규칙은 기억하지만, 단어의 뜻이나 단어 자체는 잊어버리곤 한다.

그렇기에 영어를 처음부터 파닉스로만 접근할 필요는 없다. 아이가 영어에 충분히 노출되어 단어에 대한 자신감이 생기고 편안해졌을 때, 파닉스는 훑어보는 정도로 가볍게 다루면 된다. 이미 봤던 영상을 다시 보거나, 같은 내용을 영상 없이 반복해서 들려주며, 듣는 데 집중하도록 이끌어주자. 나는 이를 위해 넷플릭스, 유튜브 프리미엄, 스토리텔(전문 성우가 책을 읽어주는 앱)을 활용해 아이가 영상 없이도 듣기에 반복해서 집중할 수 있게 만들었다. 그런 다음 파닉스, 스피킹, 쓰기 등으로 자연스럽게 영어 학습과 연결하면 된다.

파닉스의 목적은 읽기 독립이다. 미취학 아동에게는 파닉스보다 영어 듣기에 더 많은 시간을 투자해야 한다.

'너서리 라임'이 특별한 이유

"우리 아이 영어, 뭐부터 시작할까?" 많은 학부모가 이런 고민을 한다. 답은 의외로 간단하다. 바로 너서리 라임 nursery rhymes이다. 너서리 라임은 재미와 교육적 요소를 동시에 담은 고전 유아 동요로, 미국에서는 여전히 클래식 너서리 라임과 마더구즈, 그리고 그 변형 버전을 널리 활용한다. 실제로 어린이집이나 영어 유치원에서 배우는 대부분의 노래도 클래식 너서리 라임의 멜로디에 새로운 가사를 붙인 형태다.

영어 교육의 첫 단계는 '듣기'다. 여기서 중요한 건 '집중 듣기'로, CD를 들으며 글자를 짚어간다. 과거에는 배경음악처럼 틀어두는 '흘려 듣기'가 유행했지만, 영어 소리에 익숙하지 않은 아이에겐 흘려 듣기가 오히려 잡음처럼 들릴 수 있다. 이 너서리 라임과 율동을 합치면 재미있고 편안한 집중 듣기가 가능해진다.

너서리 라임은 아이가 어릴수록 교육 효과가 크다. 숫자 세기, 패턴 인식 등 영유아의 인지 발달에 맞춘 내용을 담고 있어서다. 미국의 공립도서관이나 서점의 아동 프로그램에서 너서리 라임을 자주 활용하는 것도 이런 이유다. 처음에는 너무 쉽게 느껴질 수 있지만, 아이와 함께 다양하게 변형해보면서 너서리 라임의 진정한 가치를 발견할 수 있다.

7살 아이들에게 "Wheels on the Bus"를 가르치면 재미있는 일이 벌어진다. 처음엔 "애들 노래잖아요~" 하며 웃지만, 막상 부르면 제대로 하는 아이가 없다. "왕와와왕 스위시 스위시"처럼 단어가 뭉개지고, 'round'를 'lound'로 발음하는 등 R

과 L이 뒤섞인다. 이런 아이들을 위해 가정에서는 차량 이동 시 영어 노래를 함께 부르도록 권장하고, 유치원 셔틀버스에서도 너서리 라임을 틀어놓아 영어 동요에 대한 노출 빈도를 높이고 있다.

영어 동요의 진가는 음운 인식 발달에 있다. 예를 들어 "The Wheels on the Bus"(버스 바퀴가 빙글빙글)라는 노래는 "The Bear bus goes boom, boom, boom!"(곰 버스는 쿵쿵쿵! 소리가 나요), "The Cat bus goes clap, clap, clap!"(고양이 버스는 짝짝짝! 소리를 내요), "The Snake bus goes sss, sss, sss!"(뱀 버스는 스스스~ 소리를 내요) 등으로 변형하며 알파벳 소리를 자연스럽게 익힐 수 있다. 이는 파닉스 학습의 탄탄한 기초가 된다. 단순한 문장의 반복으로 미취학 아동들이 재미있게 영어를 배우는 것은 덤이다.

더 나아가 문자 학습으로 전환할 때도 너서리 라임이 유용하다. 처음에는 아이가 불러본 노래의 가사와 그림으로 간단한 '송북'song book을 만든다. 시간이 부족한 워킹맘이라면 '노부영' 시리즈처럼 CD와 책이 함께 제공되는 교재를 활용할 수 있다. 미취학 시절 엄마와 함께 부르던 노래를 손가락으로 짚어가며 읽는 과정이 집중 듣기의 시작이 되며, 아이들은 이미 알고 있는 내용을 읽는다는 생각에 즐겁게 참여한다.

다음 단계로는 아이의 취향에 맞춰 그림책, 리더스북, 쉬운

챕터북 등을 반복해서 들려준다. 챕터북은 여러 장으로 구성되어 있어 어린이들의 초기 독서 단계에서 중간 가교 역할을 한다. 이는 읽기 유창성을 향상시키고, 긴 분량의 책으로 전환할 때의 부담감을 줄여준다. 활자에 대한 거부감이 있는 아이라면, 넷플릭스나 유튜브 프리미엄을 활용해보자. 프리미엄 서비스는 화면 없이 소리만 들을 수 있어, 아이가 익숙한 동영상을 청각적으로만 경험하게 할 수 있다. "Investigation이 뭐예요?"와 같이 아이가 들은 내용 속 특정 단어에 대해 질문하기 시작하면, 이는 문맥 속에서 진정한 '듣기'가 이루어지고 있다는 신호다.

가장 중요한 것은 정서적 안정감부터 시작한다. 엄마가 들려주는 단순한 너서리 라임 하나가 영어에 대한 긍정적 첫 경험이 될 수 있다. 이것이 앞으로의 영어 학습에 든든한 기초가 될 것이다.

2
아이의 영어 말문이 트이는 신기한 순간들

장난감이 영어 선생님이 되는 마법

아이가 영어로 자연스럽게 말하도록 돕는 데 가장 효과적인 도구는 피규어다. 특히 영어 동영상으로 영어를 접하게 했다면, 영상에 나온 캐릭터의 피규어나 장난감을 준비해주면 효과적이다. 영상에서 배운 표현으로 역할놀이를 하면서, 아이는 자연스럽게 영어를 말하게 된다.

유치원의 언어영역과 역할놀이 공간에도 작은 인형들과 소품들이 비치되어 있다. 예를 들어, "실바니안 패밀리" 인형은 집을 중심으로 다양한 소품과 함께 역할놀이를 하기에 좋아 아이의 언어 및 사회성 발달에 도움이 된다. 하지만 실바니안은 영어 영상이 없어서 영어 말하기에 직접적인 도움을 주지는 않는다. 비슷한 캐릭터로는 "맥스와 루비"가 있지만, 아이들은 금방 실바니안과 다른 캐릭터라는 것을 알아차린다. 그래서 실바니안을 가지고 놀 때는 자연히 한국어를 더 많이 사용하게 된다.

영어를 자연스럽게 말하게 하는 데는 영어 동영상 속 캐릭터들이 더욱 효과적이다. 〈옥토넛〉, 〈개비의 매직하우스〉, 〈페파피그〉, 〈퍼피 구조대〉 등의 캐릭터 피규어와 장난감을 활용하면, 아이들은 영상에서 익힌 단어와 문장을 자연스럽게 놀이에 활용한다. 영어로 접한 콘텐츠의 피규어, 블록, 집 등으로 놀이할 때는 자연스럽게 영어를 사용하게 된다.

영어가 서툰 부모라도 영어 영상만 적절히 잘 활용하면, 집에서 영어 교육을 시작할 수 있다. 피규어만 제공해도 아이들은 스스로 상상력을 발휘하며 영어로 상황극을 만들어간다. 부모가 영어로 대화에 참여하면 더욱 좋지만, 아이들은 이미 영어 영상을 통해 충분한 언어적 자극을 받았기 때문에 주도적으로 영어 역할놀이를 진행할 수 있다. 이 경우 영어가 서툰 부모라도 피규어나 배경을 준비하는 등 놀이 환경만 조성해주어도 충분하다.

영어 옹알이와 자기 대화:
혼잣말에서 시작되는 언어 발달

엄마표 영어를 시작할 때, 흔히 2~3년만 꾸준히 하면 금방 말문이 터지리라고 기대하는 경우가 많다. "2~3년 정도 했으면 우리 아이도 영어 유치원 다니는 아이들처럼 잘 말하겠지?"라는 생각에 1~2년간 영어에 집착하지만, 현실은 그렇지 않다. 아이는 TV로 영어 영상을 보기만 하고, 엄마는 불안해하다가 결국 영어는 학원에 맡기게 된다.

영어 말하기 시점은 아이마다 모두 다르다. 같은 배에서 나온 은성이와 은우를 보면 그 차이가 확연하다. 은성이는 한국어든 영어든 말을 늦게 시작했다. 세 돌이 가까워질 때까지 옹알이조차 드물었고, 처음 한 말이 "이게 뭐야?"였다. 은성이는 영어 아웃풋이 전혀 없었지만, 영어 노출, 모국어 독서, 바깥 놀이를 계속 이어갔다. 영어가 쌓이고 있음을 알고 있었기 때문이다. 그리고 만 5살이 되면서 영어 문장으로 말하기 시작했다.

반면 둘째, 은우는 오빠 덕분에 미디어에 더 일찍 노출되었다. 첫째가 영어 영상을 매일 20분씩 보는 동안, 둘째는 50일이 지나 목을 가누기 시작할 때부터 자연스럽게 화면을 보았다(이렇게 일찍 미디어에 노출시키면 안 되지만, 코로나 시기 신생아 육아라는 불가피한 상황이었다). 그래서인지 둘째는 만 3세가 되면서 영어 옹알이를 하기 시작했다. 영어 옹알이란 마치 영어로 말하는 것 같지만, 주변 사람들이 이해할 수 없는 말들을 하는 단계를 뜻한다. 유아교육에서는 이를 자기 대화self-talking라고 부른다. 이때 아이를 영어 유치원이나 원어민 키즈카페에 보내고 싶은 마음이 들 수 있다. 하지만 딱 한 번만 더 참아보자. 아이는 지금 자기 스스로 영어 말하기를 시도하며 성장하려고 하는 중이다. 길게 보면, 영어 옹알이가 시작되고 1~2년이 지나 인지 능력이 높아지고, 상대방의 말을 알아듣지 못해도 다시 물어볼 용기가 생기는 시기에 원어민을 만나도 충분하다.

러시아의 심리학자 레프 비고츠키Lev Vygotsky는 유아교육 이론에 큰 영향을 미쳤다. 그의 이론 중 '자기 대화self-talk'와 '근접발달영역Zone of Proximal Development, ZPD'은 특히 주목할 만하다.

비고츠키가 말한 자기 대화란 아이들이 스스로에게 말하면서 문제를 해결하거나 생각을 정리하는 것을 의미한다. 예를 들어, 퍼즐을 맞출 때 "이건 여기 … 이건 여기 아래로 맞춰야 해"라고 혼잣말을 하는 모습을 볼 수 있다. 이런 자기 대화가 영어로 이루어질 때가 온다. "This goes here … and that goes there"와 같이 말이다. 이는 아이가 한국어와 영어를 동시에 발달시키고 있음을 보여주는 증거다. 아이가 영어로 사고하고 있다는 뜻이니 조용히 기뻐하면 된다.

여기서 중요한 점은 자기 대화와 영어 옹알이를 구분하는 것이다. 옹알이는 언어 발달 초기 단계에서 소리나 음절을 반복하며 발음을 연습하는 과정이다. 우리가 아기 때 하는 옹알이가 바로 이 시기에 해당한다. 이 단계에서는 아직 의미 있는 언어나 문장이 형성되지 않고, 발음과 소리에 집중한다.

옹알이 시기는 언어의 극초기 단계로, 지금까지 해온 영어 소리 노출 정도로 적절하다. 이 시기에 조급하게 외국인과의 학습이나 1:1 영어 회화를 시작하면 아이는 말할 기회보다는 원어민의 말을 듣기만 하게 된다. 영어에 위축될 수도 있다. 따라서 이 시기에는 계속해서 영어 입력input에 집중하는 것이 좋다.

영어 학원 대신 선택한 가족여행, 아이 영어 말문을 열다

원어민 수업이 가장 효과적인 시기는, 아이가 현재 수준에서 약간 어려운 수준에서 대화가 가능한 때다. 그전에는 비용 대비 효과가 낮다. 아이가 자연스러운 대화 대신 원어민이 하는 말을 듣기만 하고 온다면 아쉬운 일이다. 영어 듣기는 집에서도 충분히 할 수 있기 때문이다. 원어민과의 대화에서 실질적인 도움을 받으려면 아이의 영어 실력이 어느 정도 수준에 도달해야 한다는 점을 기억하자.

아이의 영어 실력이 엄마의 실력보다 높아질 때가 온다. 특히 엄마가 스피킹에 약하다면 외부 도움을 받는 것도 하나의 방법이다. 아이가 일정 수준을 넘어서면, 엄마가 말하기나 쓰기에서 힘들어질 수 있다. 이럴 때는 아이의 관심사에 맞는 쌍방향 영어 수업을 듣게 하거나, 방학 동안 동남아나 북미 지역의 학교에서 수업을 경험하게 하는 것도 좋다. 다만, 환경이 변하는 것이니만큼 아이와 충분히 상의하고 결정하는 것이 중요하다.

개인적으로 나는 그 시기에 영어 학원비를 내는 대신 동남아로 가족여행을 다녀왔다. 동남아를 선택한 이유는 여러 가지였다. 첫째, 둘째 아이가 어려서 비행 시간이 6시간 미만인 곳이 좋았고, 둘째, 나와 남편도 함께 휴양할 수 있는 여행을 원했으며, 셋째, 도시가 글로벌해서 영어를 사용하는 데 어려움이 없을 것 같았기 때문이다. 물론, 아이가 영어를 도구로 100퍼센트 활용할 수준이었다면 북미에 가서 STEAM 캠프(Science, Technology, Engineering, Arts, Math를 융합한 여름방학 교육 프로그램)나 리딩 캠프(읽기 능력과 문해력을 향상시키기 위해 설계된 여름방학 프로그램) 등을 고려했겠지만, 그러려면 최소 초등학교 3학년은 되어야 한다고 생각했다. 아이가 어릴 때는 실용영어, 즉 생활영어 수준이면 동남아 여행으로도 충분히 영어를 경험할 수 있다. 꼭 해외가 아니더라도 이태원 음식점에서 외국인에게 영어로 주문하는 것만으로도 좋은 경험이 될 수 있다.

지극히 개인적인 경험을 나누자면, 우리 아이가 만 4세에 드디어 혼자 영어로 역할 놀이를 하며 말하기를 시작할 무렵, 우리는 태국 방콕으로 떠났다. 여행의 목표는 아이에게 영어로 말하는 것이 이상한 일이 아니라는 것을 느끼게 해주는 것이었다. 당시 아이는 내가 영어로 대화를 시도하면, "엄마, 한국말로 해줘"라거나 "왜 영어 써?"라고 하곤 했다. 그래서 반은 나의 여행 욕심, 반은 영어 말하기 욕심으로 방콕행 비행기를 탔다.

방콕은 국제학교가 많은 도시이고, 관광지라 호텔 직원들도 대부분 영어로 소통한다. 심지어 현지 사람들이 먼저 우리에게 영어로 말을 걸어주기도 했다. 외출할 때는 호텔 소유의 뚝뚝이를 불러야 했는데, 아이가 영어로 간단하게 "Can I book this DdukDduk?(뚝뚝이 예약 돼요?)"라고 말하면, 운전사나 직원과 대화가 자연스럽게 이어졌다. "어디로 갈 거니?", "계획은 뭐니?" 같은 질문들 덕분에, 아이는 영어가 실제로 소통의 도구임을 체험하게 되었다.

　또한 우리는 방콕 내에서도 유명 관광지가 아닌, 박물관, 도서관, 놀이터 등 현지 아이들이 자주 가는 장소에도 들렀다. 국제학교에 다니는 아이들의 부모도 주말이면 우리처럼 아이를 데리고 이런 곳에 간다. 덕분에 우리 아이는 놀이터에서 국제학교 학생들과 어울리며 영어로 신나게 놀았고, 그 경험이 영어 말문을 트이게 했다. 여행에서 돌아온 뒤에도 아이는 방콕에 다시 가고 싶어 하며 영어 공부에 더 열중하게 됐다. 방콕 여행은 우리 아이에게 영어로 말문을 트이게 해준 소중한 경험이었다.

　이처럼 아이들이 초등학교 저학년까지는 부모와 함께 여행하며 영어가 소통의 도구라는 사실을 몸소 느끼게 해주는 것이 중요하다.

3
읽기의 즐거움을 발견하는
특별한 여정

낭독: 듣기, 말하기, 쓰기, 읽기까지 다 잡는 방법

미국에서 생활비를 벌기 위해 베이비시터로 일할 때, 나는 3~5세 아이들을 돌봤다. 맞벌이 부모를 둔 아이들에게는 오전 이모와 저녁 이모가 있었는데, 나는 저녁 이모로서 오후부터 부모님 퇴근 시간까지를 담당했다. 매일 밤 세 아이가 책을 읽어달라고 했고, 매일 한 시간씩 아이들에게 책을 읽어주는 것이 자연스러운 일상이 되었다. 그렇게 4년 동안 아이들이 혼자 읽을 수 있을 때까지 매일 밤 책을 읽어주었다. 처음에는 한두 줄 정도의 짧은 그림책을 읽기 시작했지만, 나중에는 《매직 트리 하우스 Magic Tree House》 수준의 다소 두꺼운 책도 읽어주게 되었다. 지금의 영어 발음 실력 절반은 아이들 덕분이다. 이렇게 낭독의 힘은 정말 크다.

낭독의 효과를 알기에, 초등 고학년을 지도할 때는 낭독 숙제를 특히 중요하게 여긴다. 학생들에게 매일 읽는 연습을 시키고, 영어를 많이 노출시키면서 자연스럽게 청킹(chunking, 정보를 작은 의미 있는 단위로 나누어 기억하고 이해하는 과정)과 억양, 발음이 개선된다. 실생활에서 무리 없이 소통할 정도의 발음은 낭독으로도 충분히 연습된다.

우리 집에서는 국어와 영어 모두 낭독을 실천하고 있다. 낭독을 가족 시간으로 활용하며, 다음과 같은 과정을 거친다.

- 책 표지를 보며 내용 추측하기
- 번갈아가며 소리 내어 읽기
- 책의 내용을 내 삶과 연결 짓기
- 책을 주제로 놀이나 노래로 마무리하기

예를 들어, 《옥스퍼드 리딩 트리》의 매직 키 Magic Key 레벨에서는 주인공들이 작아져서 모험을 하는 에피소드가 있다. 이를 활용하여 아이들과 함께 책 표지를 보며 "이 아이들이 작아졌네? 작아져서 어떻게 될까?"라고 이야기를 나누고,

주인공이 어떤 일을 겪을지 추측해본다. 그 후, 아이와 부모가 번갈아가며 낭독한다. 책을 다 읽고 나서는 "엄마는 작아지면 개미를 타고 다닐 거야. 그런데 다리가 아플 것 같아!"와 같이 책의 내용을 내 경험과 연결시키는 작업을 한다. 어린 친구들이나 언어 발달이 덜 된 아이들은 피규어 놀이로 책 속 장면을 재연하며, 자연스럽게 문장을 말하도록 돕는다. 마무리로는 유튜브에서 관련된 노래를 찾거나 창작 노래를 만들어 함께 즐긴다. 예를 들어, 첫째는 "Ants Go Marching one by one"(개미 한 마리 줄 따라 가요)이라는 노래를 떠올렸고, 나는 "이제 나는 지쳤어요 땡벌- 좀 쉬고 싶어요 땡벌"이라는 노래를 개사해 불렀다.

이 활동은 예측, 추론, 낭독, 감정 이입까지 읽기 전략 전반을 자연스럽게 담고 있다. 학교 숙제나 필수적인 읽기 과정을 아이 혼자만의 시간으로 끝내지 말고, 가족과 함께하는 시간으로 만들어보자.

독립적인 영어 읽기의 시작

읽기 독립이란 단어와 배경지식을 바탕으로 스스로 글을 읽어가면서 그 내용을 이해하는 단계를 말한다. 글을 줄줄 읽어나가면서 동시에 내용을 이해할 수 있는 수준이다. 읽기 유창성이란 단순히 단어를 해독하는 것을 넘어서, 단어를 자동으로 인식하고 글의 내용을 파악하며, 배경지식과 쉽게 연결할 수 있는 능력을 뜻한다. 우리가 흔히 말하는 '문해력'은 파닉스를 배우는 단계보다는 읽기 독립과 더 깊은 관련이 있다.

유창성이 부족한 아이는 단어 읽기에 집중하느라 전체 맥락을 이해하지 못한다. 읽기 유창성과 이해력은 밀접하게 연결되어 있기 때문에, 유창성이 부족하면 글을 읽는 데 필요한 작업 기억력과 집중력이 소모되어 결과적으로 글을 이해하는 데 필요한 에너지가 부족해진다.

아래의 글을 읽어보자.

> **작업 기억력 실험**
>
> OnCe UpOn a TimE, iN a coZY lItTle hOuSE, lIVEd a bOy nAmED SaMMy. SAmmY wAS a cHeERfuL AnD lOVeD gOInG to ScHool eVEry dAY. bUt bEFoRe hE cOuLD gO to sChooL, hE hAD to fOLloW hIs moRnINg roUTiNe.

위 그림처럼, 대소문자가 섞인 글을 읽을 때 우리 뇌는 더 많은 시간을 할애해 그것을 처리해야 하며, 결과적으로 내용은 기억하지 못할 때가 많다. 이제 막 읽기 독립을 시작하는 아이들도 이와 비슷한 경험을 한다. 낱말 해독에만 신경을 쓰다 보니, 글의 전반적인 내용을 기억하지 못하는 것이다. 그렇기 때문에 읽기 독립을 위해서는 읽기 유창성을 높이는 것이 필수다.

듣기로 영어 소리에 익숙해졌다면, 읽기 유창성도 쉽게 올릴 수 있다. 읽기 유창성의 기초는 정확한 낱말 읽기에서 시작된다. 낱말 인식에 시간을 충분히 들여야 한다. 초기 리더스북에서는 사이트 워즈의 비중이 크기 때문에 파닉스를 시작하는 시기부터 자주 노출하는 것이 중요하다. 냉장고 앞이나 현관에 단어 카드를 붙이거나 매일 리더스북을 반복해서 읽게 하는 방법도 좋다.

개별 단어를 능숙하게 읽을 수 있게 되면, 다음 단계로 문장과 문단을 통해 읽기 유창성을 키워나가야 한다. 한글을 처음 배우는 아이들 중에도 낱말은 잘 읽지만, 조사를 생략하는 것처럼 문장은 제대로 읽지 못하는 경우가 많다. 이 차이는 문맥을 유추하는 능력에서 발생한다. 문맥 속에서 단어를 읽을 때, 뇌는 낱말과 구절, 문장의 의미를 빠르게 처리하고 다음에 나올 단어를 예측한다. 배경지식이 풍부한 아이들이 글을 잘 읽는 이유도 여기에 있다. 문맥을 통해 예측하며 읽으면, 읽기 속도도 자연스럽게 올라간다.

이 시기에 재미있는 스토리가 있는 리더스 시리즈를 추천하는 이유도 이 때문이다. 디즈니《고양이 피터 *Pete the Cat*》

같은 초기 리더스는 스토리가 친숙해 내용을 추측하기도 좋고, 캐릭터에 흥미를 느껴 역할 놀이와 발화 연습을 할 때 부담이 적다. 아이가 좋아하는 캐릭터를 찾고, 관련된 영상과 리더스북으로 확장해주는 것이 부모의 역할이다.

주의점은, 읽기 유창성을 키우는 과정에서 아이에게 "빨리 읽어!"라고 재촉하면 부작용이 생긴다는 것이다. 옆에서 채근하면, 아이는 읽기보다는 그냥 추측하거나 대충 읽게 된다. 특히 EFL(외국어로서의 영어) 환경에서는 영어 읽기를 장기적으로 접근해야 한다. "파닉스만 떼면 끝!"이 아니라, 최소 3년을 준비하며 읽기 독립에 공을 들여야 한다.

읽기 독립 그 이후

미국 유학을 갔을 때, 나의 스피킹 실력은 부족했고, 듣기 실력도 수능 수준에 불과했다. 하지만 대학 수업을 따라갈 수 있었던 이유는 수능 영어로 다져진 탄탄한 읽기 실력 덕분이었다. 교과서를 미리 예습하고 가니 익숙한 단어도 많고 배경지식이 쌓여, 수업 내용을 더 잘 들을 수 있었고 토론에도 참여할 수 있었다.

이처럼 리딩은 어떤 외국어를 배울 때도 가장 우선되어야 한다. 우리 아이들의 영어 읽기의 목표는 수능의 읽기 영역을 완벽하게 소화하는 것이고, 학군지 기준으로는 내신 1등급을 목표로 해야 한다. 하지만 부모의 마음으로는 아이가 초등학교 3학년에 해리포터 같은 원서를 술술 읽어 내려가는 모습을 기대하게 된다. 너무 조급해할 필요는 없다. 원서 읽기가 취미가 아니더라도 수능에서 1등급을 받을 수 있다. "수능 읽기 수준"이 되는 성인이라면 나중에라도 충분히 원서를 읽을 수 있기 때문이다.

그렇다면 수능 읽기는 어떤 수준일까? 지금 미취학 아동이 앞으로 목표로 해야 할 고등학교 내신과 수능 영어 수준이 어떠한지 간단히 살펴보자.

학군지 기준으로 고등학교 영어 내신은 매우 지엽적이고, 교사가 수업 시간에 언급한 것이 사실상 정답으로 출제된다. 대부분의 고등학교 내신은 중간/기말고사에 약 60개의 외부 지문, 1개의 어휘집, 그리고 교과서 지문 두 과가 포함된다. 사실 범위가 없다고 무방하다. 다른 과목 공부와 병행하면서 이 방대한 양의 영어 지문을 모두 암기해 시험을 본다는 것은 현실적으로 불가능에 가깝다. 어쩌면 수능 영어보다 내신 1등급을 받는 것이 더 어려울 수도 있다. 여러 과목을 함께 준비해야 하기 때문이다. 따라서 암기 위주로 점수를 따는 중학교 내신 100점에 안주하지 말고, 꾸준한 원서 읽기와 영상 노출을 통해 영어 감각을 유지하는 것이 중요하다.

수능 영어에서 요구하는 사고력이란?

수능 영어는 단순한 해석 능력 이상의 사고력을 요구한다. 문제 자체는 평이해 보일 수 있지만, 선지가 매우 까다롭다.

2024학년도 대학수학능력시험 33번 문제의 경우 오답률이 86퍼센트에 달했다. 단순히 영어 해석 능력만으로는 풀 수 없는 문제였으며, 2024년 6월 모의고사에서도 유사한 유형의 문제가 등장했다. 지문은 평이하지만 선지 선택이 매우 까다로운 구조였다.

수능 영어 지문은 대부분 해외 석학의 책이나 논문에서 인용된다. 외국인에게 수능 영어 문제를 풀어보라고 하면 당황하는 이유도 여기에 있다. 한국어를 유창하게 구사하는 한국인이라도 아무 대비 없이는 언어 영역에서 1등급을 맞기 어려운 것과 마찬가지로, 수능 영어는 단순히 원서 몇 권을 잘 읽는다고 해서 풀 수 있는 시험이 아니다.

결국 수능 영어는 언어적 사고력을 바탕으로 문제 풀이 기술을 결합해야 풀 수 있는 시험이다. 엄마표 영어로 원서를 읽는 것은 물론 좋지만, 그 목표가 수능 수준임을 염두에 둔다면, 단순히 AR 지수를 높이거나 다독, 혹은 빠르게 읽는 능력에만 집중하는 것이 얼마나 무의미한지 알 수 있다.

영어는 외국어다. 외국어는 모국어 이상으로 사고하기 어렵다. "국어를 잘하는 아이가 영어도 잘한다"라는 말은 이러한 맥락에서 나온 것이다.

4
그림 일기부터 시작하는 단계별 쓰기 학습

강남 서초 지역 유치원에서 근무하다 보면, 가끔 미국의 긴 여름 방학에 맞춰 한국으로 잠시 들어와 유치원에 다니는 교포 아이들을 만나게 된다. 이 아이들이 오면, 같은 반 친구들은 흔히 "우와, 영어 잘한다"라고 말한다. 하지만 실제로 이 교포 아이들의 쓰기와 읽기 능력은 한국 학생들에 비해 상대적으로 느린 경우가 많다. 아이들은 단순히 교포 아이가 영어로 말하는 것을 듣고 영어를 잘한다고 생각하는 것이다. 이러한 칭찬을 받은 교포 아이들은 더 잘하고 싶어 하며, 방학 동안 한국에서 파닉스를 떼고 읽기 능력을 빠르게 향상시키고 돌아간다. 이는 학습 동기 부여와 적기 교육의 중요성을 보여주는 좋은 사례이다.

교육부에서 놀이 기반의 개정 누리 과정을 발표했지만, 전면 놀이 중심 수업은 숲 학교나 병설 유치원 정도에서만 가능하다. 대부분의 학부모는 초등학교 준비를 위해 한글과 수학을 어느 정도 대비해야 한다고 생각하고 있고, 사립 유치원 역시 한글, 수학, 영어를 특성화로 교육한다.

쓰기 연습의 중요성: 초등학교까지 이어지는 탄탄한 기초

유치원 교육과정에서는 교재 활용이 필수적이며, 읽기 자료와 함께 색칠하기, 선긋기, 단어 찾기 등의 워크북 활동이 포함된다. 이는 필연적으로 필기구를 사용하는 학습 활동으로 이어진다. 이러한 과정은 학부모들의 가시적인 학습 성과에 대한 기대를 충족시키기 위함이다. 학부모들은 유치원에서도 공부한 흔적을 보고 싶어 하고, 워크시트 같은 쓰기 활동을 기대한다.

일반 유치원의 특성화 수업에서, 만 3세반에서는 노래와 활동 중심의 영어 수업이 진행된다. 수업 시간은 30분 정도이며, 15~20분 동안 노래를 부르고, 말하기 연습과 단어 카드

(사이트 워즈) 활동이 이루어진다. 만 3세부터 간단한 워크북 활동이 포함되는데, 부모들은 아이가 무엇을 배우는지 확실히 알고 싶어 하기 때문이다. 만 3세는 주로 색연필로 색칠하거나 선 긋기 활동을 하고, 만 4세 2학기부터는 좀 더 정교한 쓰기 활동을 시작한다. 만 5세에는 초등학교 준비를 이유로 쓰기 활동도 더 많아진다. 이때는 단어나 알파벳을 줄에 맞춰 쓰는 연습을 한다. 영어 유치원에서는 읽고 쓰기를 기본으로 만 3세부터 읽고 쓰는 훈련을 한다.

컴퓨터나 핸드폰에 익숙한 시대에 쓰기 연습이 무슨 필요가 있냐고 반문할 수도 있다. 하지만 중·고등학교의 각종 시험과 수행평가는 여전히 종이로 이루어지며, 교사가 알아보기 힘든 글씨는 감점 요인이 된다. 어릴 때부터 쓰기를 위한 소근육 훈련은 필수적이다. 수학 학원에서조차 글씨를 바르게 쓰는 연습을 강조한다.

소근육이 충분히 발달하지 않은 학생들은 간단한 모양인 삼각형, 사각형, 나선형 동그라미를 그리는 것조차 어려워한다. 이론적으로는 학교에서 한글과 영어를 천천히 배워도 되지만, 아이는 주변 친구들을 보며 이미 "나는 이걸 잘 못해"라는 생각을 가지게 된다. 이런 부정적인 학습 정서는 학교에 가서도 이어질 수 있다.

영어 유치원을 가지 않더라도 초등학교에 대비해 쓰기 연습은 필수적이다. 아이들이 초등학교 방과 후 프로그램이나 학원에서 교재를 받고 당황하지 않기 위해서는 쓰기 훈련이 필요하다. 숲학교가 아닌 이상 특히 소근육 발달이 느린 아이들은(특히 남자아이들) 쓰기 경험을 일부러라도 일찍 시작하는 것이 좋다. 만 5세가 되면 아이들은 누가 잘하는지 인지하기 시작하는데, 초등학교에서는 영어가 그런 과목이다. 영어 말하기와 쓰기에 자신감을 가진 아이들은 다른 과목에도 더 적극적으로 참여한다.

근육 발달은 대근육에서 소근육으로 진행된다. 대근육gross motor skills은 팔, 다리, 몸통의 큰 근육을 의미하며, 앉기, 기기, 걷기, 뛰기와 같은 기본적인 신체 활동을 통해 발달한다. 반면 소근육fine motor skills은 손가락, 손목, 발목 등 작은 근육을 일컫는다. 대근육이 먼저 발달해야 소근육을 활용한 섬세한 동작이 가능해진다. 아이들은 처음에는 팔과 손 전체를 사용하는 대근육 활동, 예를 들어 딸랑이를 흔들거나 식판을 다루는 간단한 동작부터 시작한다. 이후 점차 손끝을 정교하게 움직이는 소근육 활동으로 확장되며, 퍼즐 맞추기나 글씨 쓰기 같은 섬세한 과제도 가능해진다.

발달 속도는 개인차가 있지만, 대근육과 소근육의 발달은 상호 연관되어 있다. 예를 들어, 공기놀이를 통한 손끝 감각의 향상은 팔과 어깨 근육의 정교한 움직임으로 이어진다.

놀이터의 클라이밍이나 매달리기는 대근육과 소근육을 동시에 발달시키는 효과적인 활동이다. 일상에서는 식사 도구 사용하기, 비타민 포장지 뜯기, 물티슈 캡 여닫기 등의 활동이 자연스러운 소근육 발달을 돕는다. 놀이 시에는 다양한 필기구와 만들기 도구를 제공하고, 부모가 시범을 보이며 격려하는 것이 중요하다. 레고, 기찻길 놀이, 실 꿰기 등의 장난감도 소근육 발달에 효과적이다. 부모는 근육을 활용하게끔 다양한 활동을 제공하고, 아이들은 이러한 활동을 통해 여러 근육을 발달시키며 자신의 몸을 활용하는 방법을 익힌다.

들리는 대로 써보는 첫걸음

인간에게는 기록하고자 하는 DNA가 내재되어 있다. 신석기 시대 동굴 벽에 남긴 그림(반구대 암각화)부터 시작해 시작해, "조선왕조실록"까지 자신이 아는 지식을 압축하여 기록으로 남긴 것을 보면 한국인, 아니 인류에게 있는 원초적인 본능이 아닐까 싶다. 대부분의 엄마표 영어에서는 쓰기를 맨 마지막에 가르치지만, 엄마가 집에서 노출하는 방식으로 영어를 배운 아이는 파닉스 단계에서 스스로 끼적이기를 시작한다.

한글 학습 과정에서 자음과 모음을 배운 아이들이 들리는 대로 글자를 쓰기 시작하는 것처럼, 유치원은 직접적인 쓰기 교육 대신 자연스러운 쓰기 경험을 제공한다. 교실의 우체통을 통한 편지쓰기, 생일 카드 만들기, 부모님께 드리는 편지 등이 그 예다. 이러한 초기 쓰기 발달 과정은 영어 습득에서도 유사하게 나타나며, 불완전한 형태의 끼적이기는 쓰기 발달의 중요한 첫 단계가 된다.

듣기 인풋이 3년 정도 쌓인 후 파닉스를 시작하면, 쓰는 환경을 만들어줘야 한다. 이를 위해 아이가 들리는 대로 영어를 쓸 수 있는 정서적, 물리적 환경이 필요하다. "I luv mom"I love mom이나 "fax"Fox처럼 스펠링이 틀려도 괜찮다는 심리적 안정감과 이면지와 다양한 필기구를 언제든 꺼내 쓸 수 있는 물리적 환경이 제공되어야 한다. 아이가 한글을 배우기 시작했을 때, 엄마를 '어마'라고 썼을 때의 마음을 생각해보자. 기특하다며 칭찬하고, 첫 글씨를 냉장고에 붙이거나 사진으로 남겼을 것이다.

이처럼 쓰기에서는 스펠링에 구애받지 않고 자유롭게 써 내려 가는 과정이 필수적이다. 이 과정을 '들리는 대로 쓰기'invented writing라고 부른다. 이 단계에서 필요한 것은 "들리는 대로 적어도 엄마가 알아봐준다"는 심리적 안정감과 자신감, 그리고 들리는 대로 바로 적을 수 있는 소근육 발달이다.

자유로운 표현에서 시작하는 영어 글쓰기

쓰기는 본질적으로 머릿속 아이디어를 문자로 표현하는 과정이다. 이는 학생의 사고력과 언어 능력을 반영하며, 다양한 매체를 통해 구현된다. 이 과정에서는 장시간 목표에 집중할 수 있는 자기 조절력이 필수적이다. 전반적인 쓰기 과정이 자기 조절력과 긴밀하게 연결되어 있기 때문이다. 흔히 국어 글쓰기를 잘하는 아이가 영어 글쓰기도 잘하는 것은, 자신의 아이디어를 한글이 아닌 알파벳으로 표기하는 것만 다르기 때문이다. 문자를 표기하는 과정에서 첨삭을 받고, 다양한 표현을 배우며 적용하는 훈련을 통해 더 나은 글이 완성된다.

3년 이상의 충분한 언어 입력이 쌓인 상태에서 만 4세 아이들과 함께 쓰기를 시작한다. 6세부터 쓰기 수업을 진행하는 것에 대해 "과연 가능할까?"라거나 "의미가 있을까?"라는 의문을 갖는 이들도 많다. 하지만 초기 영작 단계에서는 철자를 틀려도 괜찮으며, 자유롭게 써 내려가는 경험 자체가 중요하다. 이 시기에는 엄마나 선생님이 아이가 무언가를 쓸 때 "잘했어!"라고 격려해 주고, 애정 어린 시선으로 지켜봐 주는 것이 무엇보다 필요하다.

쓰기 수업에는 그동안 배운 너서리 라임이 많이 포함된다.

노래 가사에 빈칸을 넣어 자신만의 동요를 만들어보는 작업이 많다. 이 활동에서 다양한 문학 작품 〈마더 구즈〉의 힘이 발휘된다. 아이들과 함께 이 문학적 요소들을 뽑아내며, 차곡차곡 쌓여온 인풋을 하나씩 곱씹어보는 기회를 가진다. 예를 들어, 〈케이크를 구워요 Pat a Cake〉라는 동요를 열심히 배우고, "mark it with a 'B' – for Baby and me"('B'를 표시해요 – 아기와 나를 위해)라는 문장을 "mark it with a 'C' – for cat and me"('C'를 표시해요 – 고양이와 나를 위해)로 바꾸어 부르며, 마무리 활동으로 'C'와 'cat'을 쓰고 그림을 그리는 활동을 진행한다.

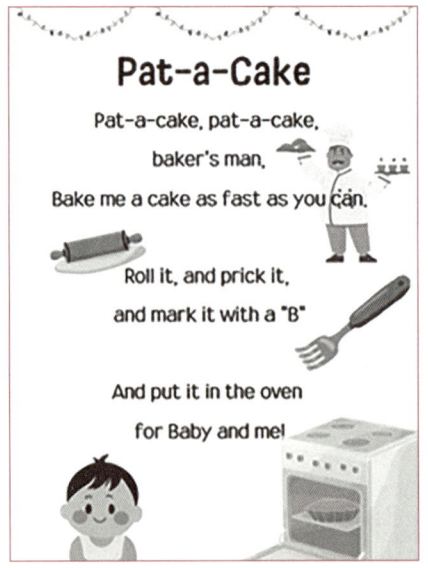

마더 구즈를 기본으로 하는 쓰기 워크 시트

동요 작품을 배울 때 미취학 아동이나 영어 초급자가 이해할 수 있는 수준은 두운법, 의성어, 반복법, 운율, 단순 비유이다. 이러한 요소는 너서리 라임에서 흔하게 찾아볼 수 있다.

1) 두운법: 가까이 있는 두 단어 이상이 같은 소리나 글자로 시작하는 것.
Peter Piper picked a peck of pickled peppers
Baa Baa Black Sheep
(피터 파이퍼는 절인 고추 한 바구니를 똑딱 따냈어요
매애매애 까만 양)

2) 의성어: 소리나 행동을 묘사할 때 그 소리와 비슷하게 들리는 단어를 사용하는 것.
"쿵"(물체가 떨어지는 소리), "멍멍"(강아지가 짖는 소리)
Oink, moo, baa(꿀꿀, 음메, 매애)
(〈맥도널드 아저씨의 농장Old McDonald Had a Farm〉에서)

3) 반복법: 단어나 구, 혹은 소리를 반복하여 강조하거나 리듬을 만드는 것.
산에는 꽃 피네/꽃이 피네/갈 봄 여름 없이/꽃이 피네
(〈산유화〉/김소월)

Head, shoulder, knees and toes, knees, and toes
(머리, 어깨, 무릎, 발, 무릎, 발)

4) 운율: 두 단어 이상의 끝소리가 비슷하거나 같은 것.
"Twinkle, twinkle, little **star**, how I wonder what you **are**."
(반짝반짝 작은 별, 너는 누구일까 참 궁금해)
가을로 가득 차 있습니다. (중략) 가을 속의 별들을 다 헤일 듯합니다.(〈별헤는 밤〉/ 윤동주)

5) 단순 비유: "~처럼" 또는 "~같이"라는 말을 사용해 두 가지를 비교하는 방법.
"I am quiet as a mouse, listen to me."
(나는 쥐처럼 조용해요. 내 말을 들어보세요.)

이러한 시적인 요소는 그동안 아이와 불렀던 너서리 라임에서 쉽게 발견할 수 있다. 한국 시에서도 쉽게 찾을 수 있다. 아이들은 문학 장치 용어는 몰라도, 동요를 통해 자연스럽게 습득한다. 처음에는 간단한 〈마더 구즈〉부터 시작하여, 초등학교 고학년이 되면 외국 랩 쓰기에도 도전하며 쌓인 노출 속에서 아이들의 영어 감각은 발전한다. 쓰기는 그동안 배운 내용을 정리하고 꺼내보는 소중한 시간이 된다.

창의력이 자라나는 글쓰기 시간

쓰기에도 유창성이라는 기준이 있다. 익숙한 정도에 따라 같은 시간에도 쓰는 양이 달라진다. 회사 업무를 손으로 쓴다면 시간이 얼마나 걸릴지 생각해보라. 아이들은 수행평가와 시험을 대부분 연필로 쓴다. 특히 초등학교 고학년부터는 영어의 4대 영역 중 쓰기 비중이 높아지며, 글씨가 알아보기 쉬운지도 점수에 영향을 준다.

3~4학년 동안 주로 특정 형식에 맞춰 글을 쓰는 연습을 많이 한다. 수업 시간에 개인별로 글쓰기 시간이 주어지는데, 쓰기에 능숙한 학생들은 자신의 생각을 쭉 적어 내려간다. 반면, 아직 쓰기가 느리고 스펠링에 익숙하지 않은 아이들은 생각을 써 내려가기 전에 아이디어가 증발해버린다. 자신의 아이디어를 단어로 옮기는 데 시간이 오래 걸리거나, 맞춤법 걱정 때문에 손이 멈추는 경우도 흔하다.

이럴 때는 그림이나 키워드를 먼저 떠올려 쓰도록 도와주는 것도 하나의 방법이다. 이렇듯 자신의 생각을 효과적으로 쓸 수 있도록 파닉스를 배우는 시기부터 적절한 쓰기 연습을 통해 쓰기 근육을 키워야 한다.

나는 대근육과 소근육이 쓰기와 어떻게 연결되는지 잘 알고 있었기에, 아이들에게 다양한 쓰기 경험을 쌓도록 했다.

미취학 시절부터는 다양한 쓰기 도구를 제공했다. 단순히 연필과 색연필을 주는 것이 아니라, 두꺼운 크레용, 얇은 크레용, 부드러운 오일 파스텔인 파스넷, 다양한 크기의 붓, 물감 등을 제공했다. 색다른 쓰기 도구를 찾아보는 것도 좋다. 가을이면 나무막대기와 나뭇잎을 엮어 붓처럼 물감을 쓸 수도 있고, 물풀에 색깔을 넣어 짜보기도 하며, 손가락으로 문질러 그림을 그리는 핑거 페인팅 등의 활동도 가능하다. 다양한 질감을 가진 종이에 그림을 그리기도 했다. 이렇게 다양한 엄마의 노력은 '쓰기'의 밑바탕이 되었다.

책 만들기는 우리 집의 오랜 놀이 중 하나다. 처음에는 이면지를 4등분하여 한쪽을 스테이플러로 묶어 만들어놓았고, 그곳에 아이의 관심사가 빼곡히 기록돼 있다. 보석을 좋아하는 시기에는 보석책을, 바다에 빠졌을 때는 바다 생물책을, 피카츄에 빠졌을 때는 포켓몬 책을 만든다.

이것이 한글이든 영어든 상관없다. 영어에 충분히 익숙해지면, 자연스럽게 영어로 쓰기 시작한다. 기대하지 않았던 순간, "momiloveyou"나 "momwhatyoulike" 같은 문장이 가득한 종이를 받았던 때가 있었다. 그때 철자가 틀리고 글자가 뒤집혀도, 기특한 마음으로 아이를 꼭 안아주었다.

"어떻게 글자를 쓸 생각을 했어?"

교과 연계 글쓰기의 힘: 실생활과 연결된 학습

약 20년 전, 미국의 한 사립초등학교 유치원에서 교생실습을 하던 중, 학생들이 좋아하는 동물에 대해 개인 포트폴리오를 만드는 프로젝트 수업을 경험했다. 7살 케이트는 호랑이를 주제로 선택했으며, 호랑이를 사진과 동영상으로 관찰하고 점토로 조형물을 만들었다. 이어서 호랑이의 먹이와 서식지에 대한 글을 작성하고, 호랑이를 주제로 한 클레이와 나뭇잎으로 장식했다. 더불어 호랑이의 멸종 위기 원인과 보호 방안을 그림과 글로 표현했다. 3개월간 매일 정해진 시간에 호랑이 관련 자료를 읽고 영상을 보며 발표를 준비했고, 마침내 멋진 옷을 차려입고 친구들과 가족들 앞에서 발표를 해냈다.

프로젝트 수업은 유아교육에서 20년 넘게 활용되는 핵심 교수법이다. 프로젝트 수업은 하나의 주제를 언어, 수학, 과학, 쓰기, 사회, 체육 등 여러 영역에서 심화하고 확장하는 방식이다. 겉으로만 보면 만들기나 음악에만 집중하는 것처럼 보일 수 있지만, 실제로는 한 가지 주제에 대해 많은 읽기와 쓰기 과정을 거친다. 이처럼 읽기와 쓰기는 모든 과목에서 배운 내용을 표현하는 데 꼭 필요한 도구다. 사회와 과학 등 다양한 과목을 공부할 때도 일정 수준의 읽기와 쓰기는 꼭 필요하지만 많은 학원에서는 여전히 쓰기를 언어 영역에서만 한정된 활동으로 오해하고 있다.

쓰기는 모든 교과 영역에서 활용된다. 예를 들어, 초등학교 3학년 사회 1단원의 '우리 고장의 모습'은 유아교육 현장이나 어학원에서 "My Neighborhood"(나의 이웃)이라는 주제로 자주 연결되며, 영어 글쓰기에 자연스럽게 접목된다. 또한 생일 파티를 준비할 때 필요한 것들—초대하고 싶은 친구, 먹고 싶은 음식, 하고 싶은 게임, 파티 장소 등—을 떠올리며 쓰는 활동도 실용적인 영작문 주제로 활용된다.

이런 주제는 아이들이 비판적으로 사고하고 스스로 판단하는 힘을 기를 수 있게 도우며, 실생활과 연결되어 있어 학생들이 자신의 경험과 생각을 더 쉽게 표현할 수 있다. 교과서에 이미 배운 내용이 잘 정리되어 있어 교과 학습과 글쓰기는 자연스럽게 이어진다. 이때는 단어 선택과 문장 구조, 글의 형식에만 집중하면 된다.

세부적인 표현력은 시간을 두고 발전시키면 된다. 초등학교 저학년까지는 "자신의 생각을 표현하는 것" 자체가 가장 중요하다. 아이들은 교과 글쓰기를 통해 글이 자신의 생각을 전달하는 도구라는 것을 깨닫게 된다. 처음에는 짧은 단어로 시작하더라도, 점차 문장으로 발전하고, 여러 문장이 모여 하나의 이야기가 완성된다는 점을 기억해야 한다.

연령별 쓰기 활동

만 4세와 5세의 쓰기 활동은 아이의 발달 수준에 맞춰 구체적으로 나눌 수 있다.

만 4세는 자유로운 끄적이기에서 벗어나 목적 있는 쓰기 활동으로 넘어가는 시기다. 이 시기에 적합한 활동은 다음과 같다.

- 아이가 직접 그린 그림에 cat, dog 같은 친숙한 영어 단어를 덧붙이는 그림일기
- sad, happy, scared 등 감정을 나타내는 얼굴을 그리고 단어 카드를 연결하는 활동
- 스티커를 붙이고 해당 그림에 어울리는 영어 단어를 적어 보는 놀이
- 숫자와 색깔을 활용해 "I saw two red apples"처럼 짧은 문장을 구성해보는 활동
- apple, dog 같은 기초 단어와 그림을 연결하는 매칭 게임

만 5세는 소근육이 더 발달하고 쓰기에 대한 관심이 높아지는 시기다. 3년 이상의 영어 노출과 적절한 소근육 발달이 이루어진 경우, 다음과 같은 활동이 효과적이다.

- "The dog runs"와 같은 단순 문장 만들기
- 자기 이름, Mom, Dad, 좋아하는 캐릭터나 과자 이름 쓰기
- be, have/has, can 등의 동사를 활용해 동물의 특징을 표현하는 문장 만들기(예: "The cat is soft. The cat has two eyes. The cat can run.")
- "Three blue birds"처럼 색과 수를 조합해 문장 구성하기
- "Where are you going?", "What's your favorite toy?"와 같은 쉬운 질문에 자신의 생각을 적어보는 글쓰기 연습

각 활동에서 교사나 부모는 먼저 시범을 보이고, 아이가 따라 쓰거나 일부분을 직접 써보도록 한다.

초등학교 1학년부터는 아이들의 삶과 관련된 주제로 글쓰기를 확장해나간다. 예를 들어 가족 소개, 시간별 하루 일기, 간단한 편지 쓰기, 계절별 활동 쓰기, 소원 적어보기, 장래 희망 적어보기, 내 방 묘사하기, 주말 계획 쓰기, 좋아하는 스포츠 쓰기 등의 주제를 통해 아이가 자신의 생각과 경험을 글로 표현하는 능력을 자연스럽게 키울 수 있다.

스펠링에 자신이 없어 글쓰기를 망설이는 아이들은 기본적인 단어 쓰기부터 시작하면 된다. 영어 학습에서는 다독과 정독을 통해 기초 단어와 사이트 워드의 스펠링을 익히고, 듣기, 쓰기, 말하기, 읽기의 네 영역을 균형 있게 발전시키는 것

이 중요하다. 이러한 기초가 쌓이면 모든 영역이 자연스럽게 연결되어 발전하게 된다.

아이들이 쓰기 쉬운 기본동사

1	2	3	4	5
be	have	do	say	get
make	go	know	think	take
see	come	want	look	use
find	give	tell	work	call
try	ask	need	feel	leave
put	mean	keep	let	begin
help	talk	turn	start	show
play	run	move	live	hear
bring	write	sit	stand	lose
pay	meet	include	set	learn
change	lead	understand	watch	follow
stop	create	speak	read	spend
grow	open	walk	win	teach
offer	remember	consider	buy	wait
serve	die	send	build	stay
fall	cut	reach	kill	remain

본격적인 글쓰기로의 도약:
픽쳐 리딩과 고전 이야기 쓰기

개인적으로 단순 반복 중심의 패턴 쓰기는 지양하는 편이다. 예를 들어 "There is…" 같은 문장 패턴을 아무리 반복해서 써도, 한 달 뒤에 이 문장이 막상 떠오르지 않는 경우가 많다. 대신, 추천하는 방법 두 가지는 '픽쳐 리딩'과 '친숙한 고전 이야기를 재구성해 새롭게 써보기'이다.

"픽쳐 리딩"Picture Reading은 그림을 보고 내용을 설명하는 활동이다. 유치원에서는 책 읽기 전에 책 표지와 그림을 보고 내용을 추측하는 '픽쳐 워킹picture walking' 시간을 갖는다. 이 과정은 아이들이 이야기의 흐름을 예측하고 스스로 말해보는 데 도움이 된다. 마치 토익 "리스닝 파트 1"에서 사진을 보고 상황을 묘사하는 것을 맞추는 문제와 유사하다. 픽쳐 리딩은 아이 스스로 장면을 설명하고 글로 표현하는 활동이다. 미취학 아동에게 쉽게 접근할 수 있는 세 가지 방법을 소개한다.

1) 아이가 좋아하는 TV 프로그램 장면 제시하기

이 방법은 아이가 영어로 된 영상을 자주 보고 듣는 경우 특히 효과적이다. 충분히 영어를 듣고 익힌 상태라면, 아이는 자연스럽게 그 장면을 묘사하며 영어로 이야기하기 시작한다.

예를 들어, 〈개비의 매직하우스Gabby's Dollhouse〉에서 프로그램 속 우주여행 에피소드의 한 장면을 프린트해서 피규어와 함께 두었다. 당시 만 4세였던 첫째는 "Gabby is in space. They are cheese stars. Yummy"라고 이야기하며 종이에 "yummmmm"이라고 적었다. 아이가 자주 보는 프로그램 장면과 필기도구를 준비해두면, 자연스러운 쓰기 환경이 조성된다.

2) 아이가 등장하는 사진 제시하기

두 번째 방법은 아이가 등장하는 사진을 활용하는 것이다. 이 방법은 인풋이 영어로 들어가지 않았을 경우 단어 선택에 어려움을 겪을 수 있으므로, 아이가 영어에 어느 정도 익숙해진 후에 시도하는 것을 권한다. 아이들은 자신이 경험한 일과 부모와의 추억을 좋아한다. 특히 자신이 등장하는 사진은 아이 관심을 끌기 충분하다. 아이의 사진을 프린트해 두고, 그 사진을 관찰하며 묘사해보자. 사진을 프린트하는 것을 추천하는 이유는, 이를 엮어 자신만의 책을 만들 수 있기 때문이다.

이와 관련해 유치원이나 어린이집에서 제공하는 가정통신문과 놀이 기록지를 적극 활용하는 것도 좋은 방법이다. 교실에서 촬영한 활동 사진을 매주 혹은 매월 받아볼 수 있는데, 이를 오려 붙이며 짧은 글을 더해 나만의 책을 만들어보는 활동으로 확장할 수 있다.

3) 고전 동화책 비틀기

마지막으로 소개할 쓰기 방법은 패턴이 반복되는 고전 동화를 '비틀어' 새로운 이야기로 만들어보는 활동이다. 《빨간 암탉 *A Little Red Hen*》, 《아기 돼지 삼형제 *Three Little Pigs*》, 《골디락스와 곰 세마리 *Goldilocks and the Three Bears*》 같은 단순하고 반복적인 고전 이야기를 영어 원서로 아이에게 반복해서 들려준다. 아이가 거의 외울 정도로 말이다.

아직 쓰기가 익숙하지 않은 아이들에게는 직접 글을 쓰기보다, 이야기를 다시 말해보도록 유도하는 것이 효과적이다. 이 과정은 스피킹 연습에도 도움이 되며, 아이가 자연스럽게 영어 단어와 문장 패턴을 익히는 데도 유용하다. 스토리를 다시 말하는 과정에서 아이들은 창의력을 발휘해 자신만의 이야기를 만들어내곤 한다.

예를 들어, 은성이가 만 4세였던 12월, 모국어 듣기 실력이 그리스·로마 신화와 전래동화를 이해할 정도로 발전했을 때였다. 나는 단순한 이야기 구조를 가진 《빨간 암탉》을 반복해서 읽어주었고, 아이는 곧 이야기를 외우게 되었다. 이후 아이는 원래 문장인 "A cat is sleeping on the sunny porch"를 "A cat is sleeping at the rainy sofa"로 바꾸며 문법상으로는 틀렸지만 즐거워했다. 이처럼 아이들은 엉뚱한 설정을 더하며 스스로 이야기를 변형하고, 그 과정에서 웃음을 터뜨리며 자연스럽게 언어를 익혀간다.

이 시기에 쓰기를 지원하기 위해 소근육이 발달할 수 있도록 그림, 종이, 색연필 등 쓰기 환경을 마련해주었다. 처음에는 아이가 말하는 내용을 내가 받아 적는 '대필' 방식으로 시작했다. 한 문장 중 마지막 단어만 아이가 직접 쓰게 하면서 쓰기를 조금씩 시도하게 했다. 이후에는 한 문장을 스스로 쓰게 하면서, 점차 쓰기 분량을 늘려갔다. 이러한 반복 연습을 통해 아이는 문단을 쓰기 시작하고, 결국 하나의 글을 완성하게 된다. 이 과정에서 중요한 것은 아이가 "쓸 수 있다"는 자신감을 느끼게 하는 것이다. 자신감이 붙으면 더 적극적으로 쓰게 되고, 결국 다섯 문단짜리 에세이도 가능해진다.

어린아이에게는 자유롭게 글을 쓰는 '마구잡이' 글쓰기도 추천한다. 영어 쓰기는 기다림이 필요하다. 한 줄이라도 썼다면 "잘했어!"라고 칭찬해주면 좋다.

초등학교 1~2학년쯤에 파닉스와 단어가 어느 정도 쌓이면 스펠링을 조금씩 봐주기 시작한다. 이때 주 1~2회 정도 꾸준히 문장을 쓰도록 도와주면, 초등학교 3학년쯤에는 세 문장을 쓰는 연습을 할 수 있다. 이 시기에는 기초 문법 사항인 주어-동사 수일치(I am, you are 등), 과거 시제, 명사의 단·복수에 유의하며 영작하도록 지도하는 것이 효과적이다.

7장

✳

초등 그 이후를 준비하는 영어 교육

1
초등 영어와 자연스럽게 이어지게 하려면

배경지식이 만드는 놀라운 시너지

언어 능력 향상에 있어 '배경지식'은 많은 어학 전문가들이 강조하는 핵심 요소다. 특히 입시에서 마주하게 될 비문학 독해 문제에서 이는 더욱 중요해진다. 시간의 제약 속에서 치러지는 수능 시험에서, 풍부한 배경지식은 독해 속도를 높이는 결정적 요인이 된다. 배경지식은 신문, 문제집 등 다양한 경로로 쌓을 수 있지만, 가장 기본이 되는 것은 바로 교과서이다.

수능 영어 지문 중 난이도가 가장 높은 것은 단연 과학 관련 지문이다. 복잡한 용어와 긴 문장 구조가 특징이지만, 이

역시 교과 과정을 벗어나지 않는다. 따라서 초등학교 시기부터 교과서를 정확히 이해하는 습관을 들이는 것이 중요하다. 예를 들어, 영어 유치원에서 자주 다루는 "나의 이웃"My Neighborhood 주제는 초등학교 3학년 사회 과목에서 "나의 고장"이라는 단원으로 등장한다. 즉, 일반 유치원을 나온 학생들은 초등학교 3학년 때 모국어로 이 주제를 더 깊이 있게 학습하게 된다. 7세에 영어로 배우는 "My neighborhood"와 10세에 모국어로 배우는 "나의 고장" 사이에는 인지적 깊이에서 상당한 차이가 있다. 초등학교 3학년 사회 교과는 영어 유치원 커리큘럼에 비해 훨씬 더 깊이 있는 내용을 다룬다.

예를 들어, 고장 내 장소를 분류할 때, 만 5세 과정에서는 주로 장소의 이름 위주로 학습한다. 반면 초등학교 3학년에서는 장소를 1) 편리하고 안전한 생활을 도와주는 곳, 2) 물건을 사고파는 곳, 3) 자연과 관련 있는 곳, 4) 다른 고장으로 이동할 때 이용하는 곳 등으로 체계적으로 분류한다. 또한 고장의 과거와 현재를 비교하고, 친구들과 각자 그린 고장의 모습을 비교 분석하는 등 더욱 깊이 있는 학습이 이루어진다.

이러한 학습 내용은 학년이 올라감에 따라 더욱 확장된다. 초등학교 3학년의 "나의 고장" 학습은 5학년이 되면 "우리 국토"로 발전하며, 더 복잡한 개념과 한자로 이루어진 전문 용어를 다루게 된다.

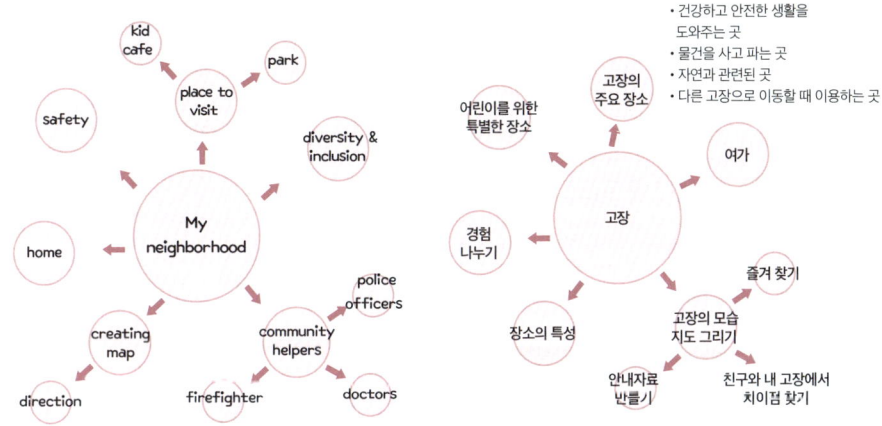

영어 유치원(만 5세와 초등학교 3학년)에서 배우는
"나의 이웃" 내용 전개 차이. 학년이 올라갈수록 내용의 깊이가 깊어진다.

학교 영어만으로 충분할까?

초등학교 영어 교육과 중등 교육과정 사이에는 상당한 격차가 존재한다. 이는 어휘 수준과 문장 구조의 급격한 변화에서 비롯되며, 많은 학생들이 이 과정에서 어려움을 겪는다.

국가 교육 과정 영어편에서 제시한 각 학년군 단어 수를 살펴보면, 초등학교에서는 총 600단어 정도를 학습한다. 이는 대부분 'computer', 'elevator'와 같은 쉬운 외래어 수준이다. 반면, 중학교에서는 1,500단어, 고등학교에서는 영어 I과 II를 합쳐 4,500단어를 학습한다. 이러한 급격한 증가로 인해 최소 초등학교 5학년부터는 기본 단어를 탄탄하게 외우는 것이 중요하다.

또 다른 문제점은 갑자기 상승하는 난도다. 국가교육과정 정보센터에 따르면, 초등 3~4학년에서는 "자기 주변 주제"를, 5~6학년에서는 "일상생활"의 주제를 다룬다. 3~4학년에서 'I'로 시작하는 문장과 명령문을 배우다가, 5~6학년에서 갑자기 'She', 'He'로 시작하는 문장과 문법이 나온다. 이로 인해 초등학교 5학년부터 영어를 어려워하는 학생들이 늘기 시작한다.

고등학교 내신은 수능 1등급보다 훨씬 더 어렵다. 고등학교에 가서 실력을 올려 성실함으로 시험을 잘 보겠다는 것은 영어시험에 적용되지 않는다. 강남권 고1 기준으로 부교재는 고3 수준의 문제집을 쓰거나 수행평가는 별도의 범위 제한 없이 시험을 본다. 실제 시험에서는 교과서에서 출제되는 문제가 한두 개에 불과하다.

수업 활동의 난도가 갑자기 높아지는 것도 큰 부담이 된다. 초등 공교육 현장에서는 3~4학년에 지나치게 '활동' 위주의 수업을 강조 하는 것이 아닌가 하는 우려의 목소리도 있다. 국가 교과 과정에서 제시한 초등 3학년의 교수법은 주로 흥미 유발과 다양한 활동을 강조하는 실정이다. 국가 교과 과정에서 제시한 초등 3학년의 교수법은 다음과 같다.

- 학습자의 관심사를 고려하여 다양한 온오프라인 자료, 에듀테크 등을 활용해 영어 학습에 대한 동기를 유발하고 흥미와 자신감을 유지한다.
- 알파벳은 구체적인 조작물, 신체 활동, 디지털 도구 등을 활용한 다양한 읽기 활동을 통해 재미있게 익히도록 지도한다.
- 소리와 철자의 관계를 지도할 때는 비슷한 패턴을 보이는 여러 단어를 사용하여 학습자가 스스로 규칙을 찾도록 유도한다.

이렇게 초등 3~4학년에 재미 위주로 단어를 배운 학생들이 5학년부터 시작되는 긴 문장과 어휘량에 놀라 어려움을 겪게 된다. 강남권 초등학교 3학년이면 이미 에세이 작성을 하거나 미국 교과서 4~5학년 수준을 읽는 아이들이 많다. 하지만 지방에서는 초등 3학년에 학생들이 처음으로 영어를 접하는 경우도 상당하다. 초등학교까지 영어는 사교육이 분명하게 효과를 보이는 분야이기 때문에 영어 과목은 다른 교과목보다 지역과 소득에 따라 학습 격차가 특히 두드러진다.

일반적인 경우, 초등 3학년부터 시작하는 영어 교육이 흥미 위주로만 진행되면 5학년 문법에서 어려움을 겪고, 중학교 2학년 내신에서 한계에 부딪힌다. 교과서만으로는 고등학교

1학년 내신 영어에서 좋은 성적을 받기가 쉽지 않다.

교과서를 활용한
스마트한 독해력 키우기

교과서는 배경지식을 습득하는 데 있어 가장 기본이자 핵심 자료다. 특히 EFL_{English as a Foreign Language} 환경에서는 외국어 능력이 모국어의 사고력을 뛰어넘기 어려운 만큼, 초등학교 5학년부터는 교과서 내용을 철저히 읽고 이해하는 데 집중해야 한다. 국어 역시 지식 습득의 기본 도구이므로, 한글로 작성된 텍스트를 정확히 이해하고 이를 내재화하는 능력이 필수적이다.

현대의 학생들은 1.5배속 학습이 일상화된 시대를 살아가고 있다. 그러나 빠르게 듣고 넘기는 수동적 학습에 머무르는 경우가 많다. 인터넷 강의를 '듣고', 학교에서 교사의 수업을 '듣는' 것이 학습의 대부분이 되어버린 것이다. 하지만 수능은 본질적으로 양질의 지문을 얼마나 빠르고 정확하게 읽고 이해하여 문제를 해결할 수 있는지를 평가하는 시험이다. 따라서 양질의 지문을 꾸준히 읽는 습관이 무엇보다 중요하다.

이러한 맥락에서 교과서는 최고의 학습 자료다. 대한민국의 저명한 학자들이 집필하고 검수한 교과서는 시중의 문제집보다 훨씬 우수한 텍스트를 제공한다. 따라서 교과서를 꼼꼼히 읽고 이해하는 연습이 필수적이다.

더욱이, 사회와 과학 교과서에서 학습한 개념은 국어 시험의 비문학 지문이나 영어 시험의 독해 지문으로 자주 재등장한다. 국어 지문에서 먼저 등장한 개념이 영어 지문에서도 비슷하게 출제되기도 한다. 또한, 사회과학 용어에 대한 이해는 영어 독해 지문 해설을 파악하는 데도 필수적이다.

많은 학생이 독해 해설을 읽고도 이해하지 못하는 이유는 해설문에 등장하는 개념어, 한자어 그리고 번역투 표현 때문이다. 따라서 단순히 해설을 수동적으로 듣는 것에 그치지 않고, 초등학교 때부터 교과서 내용을 스스로 꼼꼼히 읽고 논리적으로 이해하는 습관을 기르는 것이 가장 중요하다.

2
영어를 평생의 도구로
만드는 비결

단순 검색을 넘어선 배움의 즐거움

궁금증이 생길 때 네이버 검색으로 만족하는 사람이 있는 반면, 원서까지 파고드는 사람이 있다. 2024년 트럼프 대통령의 부통령 후보 J. D. 밴스를 예로 들어보자. 40세의 나이로 최연소 부통령이 될 그는 오하이오주의 가난한 백인 가정 출신으로, 예일대 로스쿨을 졸업하고 자서전 《힐빌리의 노래》로 전국적 명성을 얻었다. 이런 소개만 읽고도 그의 자서전을 읽고 싶은 사람이 있다.

이들은 단순한 정보 습득을 넘어, 지식과 사고를 확장하는 데 열정을 가진 학습자들이다. 특히, 밴스의 이야기처럼 오하이오주나 러스트벨트(제조업 쇠퇴로 침체된 미국 북동부·중서부 공업 지대)와 관련된 경험이 있는 사람이라면 그의 자서전에 더욱 깊이 빠져들 것이다. 나 또한 그러하다.

영어를 평생의 친구로 만드는 비결은 의외로 영어 공부 자체가 아닌, 다채로운 호기심과 관심사를 키우는 데 있다. 영어는 결국 도구일 뿐이다. 흥미로운 주제를 깊이 파고들다 보면, 아이는 자연스럽게 한글 자료의 한계를 느끼고 원서의 필요성을 깨닫게 된다. 이런 과정에서 영어 실력은 자연스레 성장한다. 중요한 건 지적 호기심과 학습 사이의 균형이다.

호기심을 키우는 기록의 힘

어린 시절부터 다양한 관심사를 두 개의 언어로 확장할 수 있다. 은성이는 영어 애니메이션 〈옥토넛〉을 보며 해양생물, 늪지대, 날씨, 생태계에 매료됐다. 〈내셔널 지오그래피〉 잡지로 애니메이션 속 생물들을 실제 모습으로 만났고, 여름철엔 직접 스노쿨링을 하면서 해양생물을 관찰했다. 더 나아가 관찰 일지까지 꼼꼼히 작성했다. 생물을 묘사하고, 측정하고, 기록하는 과정을 반복했다. 작은 돌 하나도 놓치지 않고 묘사하고 기록하면서, 호기심은 계속 자라났다. 그리고 작은 성취를 위해 자신이 발견한 내용을 차곡차곡 기록하고 정리했다.

이러한 기록 습관은 유치원에서도 이어졌다. 1년간의 워크시트, 게임, 노래 활동을 모아두고 연말이면 이를 되돌아보며 성장의 흔적을 확인했다. 7살 때의 서툰 글씨에서 지금의 발전된 모습을 보며, 아이들은 자신의 성장을 직접 체감한다.

쌓인 기록은 성장 마인드셋을 길러준다. 처음에는 어렵게 느껴졌던 것들을 하나둘 해내면서, 아이들은 스스로 발전하고 있다는 사실을 깨닫고 더 큰 동기를 얻는다. 물론 영어 학습 과정에서 파닉스, 문법, 단어, 복잡한 구문 등 흥미롭지 않은 고비가 있지만, 성장 마인드셋이 자리 잡은 아이들은 "할 수 있다"는 자기 효능감을 바탕으로 계속 도전해 나간다.

독서하는 부모가
독서하는 아이를 만든다

아이의 독서 습관은 부모의 독서 태도에서 시작된다. 궁금한 것이 있을 때 유튜브로 끝내지 않고, 책과 신문, 원서를 찾아보는 모습을 아이에게 보여주자.

2024년 옥스퍼드 대학교는 '두뇌 부패'brain rot를 올해의 단어로 선정했다. 1840년대 아일랜드의 감자밭을 초토화시킨 '감자 부패'potato rot에서 파생된 이 단어는, 틱톡과 쇼츠, 릴스로 대표되는 저품질 도파민 콘텐츠의 과소비로 인한 집중력 저하와 사고력 감퇴를 경고한다.

하지만 흥미롭게도, 텍스트 기반 콘텐츠에 대한 관심도 함께 증가하고 있다. 쓰레드Thread와 X(트위터) 같은 텍스트 중심 SNS의 인기가 치솟았고, 2024년 서울국제도서전에는 15만 명이 넘는 유료 관람객이 몰렸다. 여기에 한강 작가의 노벨문학상 수상이 더해지며 독서 열기는 최고조에 달했다.

읽기 독립 전인 초등 저학년까지는 부모가 주도하는 독서가 필요하다. 아이의 관심사에 맞춰 한글과 영어책을 고르고 읽어준다. 원서 읽기가 어려운 부모는 스토리텔이나 유튜브에서 "책 제목 + read aloud"를 검색하여 영상을 활용해 원어민의 목소리로 들려줄 수 있다. 초등학교 저학년까지는 이야기 기반의 문학작품 위주로 해서 읽기 독립을 목표로 많은 인풋을 넣어주자.

읽기 독립 후에는 단순한 이야기 소비에서 한 걸음 더 나아가야 한다. 고차원적 사고를 요구하는 문학작품과 비문학 도서로 독서의 폭을 넓히는 것이다. 단순한 이야기만으로는 진정한 문해력과 독해력 발달에 한계가 있기 때문이다.

초등 3학년부터 성인까지, 독서의 질에 따라 기초 이해력,

정보 파악, 요약 능력, 맥락 이해, 추론력, 논리적 사고력, 비판적 사고력, 창의적 문제해결력이 달라진다. 이 시기에 독서 방향을 제대로 잡지 못하면, 성인이 되어서도 그 격차를 좁히기 어렵다.

영어 원서도 같은 맥락이다. 단순한 이야기 소설에만 머물러서는 안 된다. 초등 고학년이나 중학생부터는 깊이 있는 문학작품과 비문학에 도전해야 한다. 이를 위해서는 탄탄한 모국어 독해력과 개인의 관심사를 영어와 연결하는 것이 중요하다.

우주와 인체에 관심이 많았던 준이는 6살 때 팝업북으로 시작해, 문학적 비문학 도서를 거쳐, 초등 5학년에는 성인용 전문 도서까지 읽게 됐다. 준이의 부모님은 한글과 영어 도서는 물론, 관련 영상도 보여주고, 천체박물관과 과학관 방문으로 직접 체험할 기회도 제공했다. 준이에게 영어 원서는 지적 호기심을 채우는 여러 도구 중 하나였다.

영어권 문화 체험으로
키우는 학습 동기

친한 친구의 소식에 더 관심이 가듯, 영어권 국가에서의 좋은 추억은 아이의 영어 학습 동기를 키운다. 학원비를 줄여서라도 영미 문화를 직접 체험하게 하자. 영어를 배우는 진정한 목적은 단순한 시험 대비가 아니라, 언어를 통해 더 넓은 세상을 경험하는 데 있다.

초등 저학년까지는 동남아 국가로 여행하는 경우가 많다. 이곳은 영어가 제1외국어로 사용되는 환경이지만, 실제 모국어와 함께 쓰이는 경우가 많아 자연스러운 몰입 환경을 제공하기는 어렵다. 따라서 영어 실력이 어느 정도 쌓인 후에는 미국, 영국, 캐나다, 호주처럼 영어가 모국어인 국가에서 여행이나 1년간의 스쿨링을 경험하는 것이 더욱 효과적이다. 이 과정의 핵심 목표는 단순한 영어 실력 향상이 아니라, 강한 학습 동기 부여에 있다.

각 가정의 상황에 맞는 최적의 도시를 찾기 위해 챗GPT를 활용할 수도 있다. 예를 들어, "초등학교 3학년과 1학년 아이가 1년 동안 공부하기에 적합한, 연중 온화한 기후의 영어권 도시를 추천해 줘"와 같은 구체적인 조건을 입력하면 보다 맞춤형 정보를 얻을 수 있다.

가장 효과적인 방법은 부모가 석사 과정을 진행하며 아이들이 현지 교육을 받는 것이다. 부모의 학업 준비 과정에서 자연스럽게 가정 내 영어 환경이 형성되고, 귀국 후 석사 학위를 통해 교육 투자 비용을 보완할 수 있다.

장기 유학이 어렵다면 방학을 활용한 해외 캠프도 좋은 대안이다. 미국에서는 여름방학 동안 학교나 컨트리클럽에서 다양한 캠프 프로그램을 운영한다. "summer camps"로 검색하면 다양한 옵션을 찾을 수 있으며, 인기 캠프는 조기에 마감되므로 1~2월부터 미리 알아보는 것이 좋다. 겨울방학에는 호주나 뉴질랜드 같은 남반구 국가의 프로그램을 고려할 수 있다.

영미권 국가의 높은 학비를 감안할 때, 단기 프로그램을 선택할 때는 비용 대비 효율적인 활용이 중요하다. 하루 15만 원 이상의 고가 프로그램에 의존하기보다, 무료 박물관, 공원, 도서관 프로그램을 적극 활용해 관광과 교육을 조화롭게 결합하는 것이 현명하다.

귀국 후에는 아이와 함께 사진과 글로 여행 경험을 기록하며 포트폴리오를 만들어 보자. 이러한 기록들은 단순한 추억을 넘어, 앞으로의 영어 학습을 지속할 수 있는 강력한 동기와 자신감이 된다.

3
기초가 단단한 아이가 결국 웃는다

시대가 변해도 통하는 영어 공부 비결

미래 교육 전문가들은 AI 활용 능력과 질문하는 힘이 더욱 중요해질 것이라 강조한다. 2025년부터 AI 교과서 도입과 태블릿 기반 학습이 확대될 예정이지만, 교육의 본질은 변하지 않았다. 양질의 글을 읽고, 쓰는 능력, 그리고 자기조절력은 여전히 핵심이다.

   입시 구조도 크게 다르지 않다. 50년 전이나 지금이나 대한민국 대학 입시는 공정성, 타당성, 형평성, 효율성을 기반으로 설계되어 있다(김희삼, 2021). 저출산으로 학생 수가 줄어도, 상대평가를 기반으로 한 입시 경쟁은 계속될 수밖에 없다. 대학이 학생을 선발하는 과정에서 공정함이 가장 중요한 요소로 작용하기 때문이다. 결국, 대학이 원하는 학생은 상위 학문을 배우는 데 필수적인 국어, 영어, 수학 실력을 갖춘 인재다.

창의성을 강조하는 시대지만, 창의성과 단순한 상상력은 다르다. 창의적 사고란 익숙한 개념을 새로운 방향으로 확장하는 과정이며, 이를 위해서는 탄탄한 기본 지식이 필요하다. 즉, 12년의 초·중·고 교육 과정은 기초를 쌓는 시간이며, 창의력은 이 기반 위에서 발현된다.

최근 대학들은 정성 평가의 중요성을 강조하고 있다. 유홍림 서울대 총장은 '하버드대는 1시간 이상의 면접을 통해 학생의 종합적 역량과 잠재력을 본다. 우리도 이와 비슷한 방향으로 갈 것"이라며, 면접 평가 강화를 시사했다. 그러나 면접 비중이 커지더라도 국어, 영어, 수학은 여전히 필수적인 도구 과목이다. 상위 지식을 배우려면, 이를 뒷받침하는 도구 과목이 탄탄해야 한다.

하버드나 서울대 같은 상위권 대학들은 이미 정량 평가에서 높은 점수를 받은 학생들을 대상으로 면접을 진행한다. 즉, 면접은 선발 과정의 보조적 역할을 할 뿐, '전교 최하위 성적의 학생이 서울대에 합격했다'는 식의 이야기는 현실적으로 불가능하다. 따라서 기본기가 부족한 상태에서 미래 교육만을 강조하기보다, 읽기·쓰기·사고력을 탄탄하게 기르는 데 집중해야 한다.

대입 성공을 위한 로드맵: 영어에서 전인적 성장으로

최근 대치동에서는 초등학교 3학년까지 영어를 끝내고 이후 수학에 집중하는 것이 하나의 트렌드가 되고 있다. 그러나 이는 교육의 본질을 간과한 접근이다. 초등학생이 수능 언어·외국어 문제를 풀 수 있을지를 생각해보자.

많은 부모가 불안한 마음에 학원의 마케팅에 휩쓸려, 초등 5학년부터 영어를 소홀히 하고 수학과 과학 선행에만 집중한다. 하지만 초등학생 중 "공부를 못 한다"는 말을 듣는 경우는 드물다. 수많은 교육 인플루언서의 자녀 중 상당수는 아직 초등학생이다. 이들 중 많은 아이는 초등학교 고학년쯤에 소식이 들리지 않거나 국제학교로 전학을 간다. 초등 저학년까지만 엄마표 교육이 효과적으로 작용할 수 있다. 그러나 중·고등학교 공부량과 경쟁 속에서는 부모의 의욕만으로 성과를 내기 어렵다. 초등학교 때 중·고등 과정까지 극단적으로 선행 학습을 해도, 정작 진짜 공부를 해야 할 시기가 오면 따라가기 어려운 경우가 많다. 이는 1장에서 언급한 자기 절제력과 관련 있다. 한두 번은 참고 공부할 수 있지만, 누구든 계속 참을 수는 없다.

과학고나 영재고 진학이 목표라 하더라도, 국어와 영어는 여전히 내신 성적을 좌우하는 핵심 과목이다. 영재고에 합격하든, 일반고나 자사고에 진학하든, 내신 경쟁에서 국어·영어 서술형 평가의 중요성은 결코 줄어들지 않는다. 특히, 고등학교 영어 내신에서 서술형 문제가 발목을 잡는 경우가 많다.

초등학교 5~6학년 대치동 최상위권 학생들의 가장 힘든 스케줄은 소위 '탑 3' 영어 학원과 최상위권 수학 학원을 동시에 다니는 것이다. 과외로 이런 학원에 입학할 수는 있지만, 두 학원을 모두 졸업하는 학생은 한 반에 3명도 채 되지 않는다. 많은 학생이 초등학교 4~5학년 무렵 "수학에 집중해야 한다"며 영어 학원을 그만둔다.

하지만 영어 학원을 중단하면 실력이 급격히 저하된다. 고난도 학습을 했던 만큼, 단어력과 읽기 능력이 쉽게 감퇴한다. 1년만 쉬어도 'damage'와 같은 기초 단어의 의미가 헷갈리고, 꾸준한 독서가 중단되면서 전반적인 영어 실력이 하락한다.

4대 영역 중심 학원에서 문법 중심 학원으로 옮기면, 영어를 뜻만 옮기는 '깡통 해석기'가 되기 쉽다. 영어를 한글로 기계적으로 옮기기만 할 뿐, 내용 이해는 부족한 상태다. 특히 한자어 기반의 학습 단어들은 또 다른 장벽이 된다. 이해 없이 "대충 이런 뜻일 거야"라는 식의 추측으로는 수능과 같은 고차원적 사고력 평가에서 좋은 결과를 얻기 어렵다.

영어 유치원은 빠르게 달리는 열차와 같다. 영어 유치원을 마치고 최상위권 영어 학원에서 초등학교 6학년까지 버티려면 체력과 정신력 그리고 적성이 모두 맞아야 한다. 만약 초등 3~4학년에 수학에 집중해야 한다면, 굳이 이 열차에 올라탈 필요가 없다. 7세에 미국 3학년 수준의 어학원 입학을 위해 과도한 준비를 하고, 발달 수준에 맞지 않는 원서 읽기와 독후감 쓰기를 강요할 이유가 없다. 그 시간에 차라리 국어 실력을 탄탄히 다지는 것이 대입에 더 효과적이다.

영어를 포기하고 수학에만 집중하다 과학고에 떨어진 학생들은 결국 '갓반고'(입시 성과가 좋은 일반고)로 진학하는 경우가 많다. 그러나 수학과 과학을 아무리 잘해도, 고교 내신에서 가장 중요한 것은 국영수다. 결국 균형 잡힌 실력을 갖춘 제너럴리스트가 내신 1등을 차지하는 이유가 여기에 있다.

내신은 수능과는 성격이 다르다. 정해진 범위 내에서 "관계대명사를 쓰시오", "한 단어만 변형하시오" 같은 구체적인 조건이 제시되며, 변별력을 위해 이러한 조건을 정확히 충족시키는 것이 1등급의 필수 요소다. 따라서 과학고 준비를 이유로 영어 학습을 중단해서는 안 된다. 일반고의 영어 서술형 문제에 대비하려면 초중학교 때부터 다양한 영어 독서, 단어 학습, 영상 시청, 문법 공부를 통해 언어 감각을 꾸준히 유지해야 한다.

수시 전형에서는 특정 과목의 1등급보다 전 과목에서의 고른 성적이 중요하다. 그리고 전 과목에서 우수한 성적을 거두는 학생들의 공통점은 탄탄한 모국어 독서력이다. 이들은 국어 실력을 바탕으로 사회, 과학 등 여러 교과서의 내용을 효과적으로 이해한다. 반면 영어와 수학에만 치중했던 영어 유치원 출신 학생들은 교과서 독해에서 어려움을 겪는 경우가 많다.

영어 실력만으로는 고등 내신 1등급을 받을 수 없다. 주요 과목의 지필고사와 수행평가를 모두 관리해야 한다. 영어에만 집중했던 학생들은 점차 높아지는 모국어 독해력 요구에 부응하지 못하는 경우가 많다. 예를 들어, 고등학교《정치와 법》,《통합 과학》교과서의 한 문단은 약 300자로, 수능 비문학 지문(약 1500자)의 기초가 된다. 수능 국어의 경제, 과학기술, 철학 지문을 대비하기 위해서는 교과서를 정확히 읽는 것이 기본이다.

"어린 시절 영어를 마치고 초등학교 3학년부터는 수학에 집중해야 한다"는 말은 맞지 않는 조언이다. 오히려 교과서의 비문학 지문을 빠르고 정확하게 읽는 능력이 대학 입시에서 더 중요하다. 영어는 언제 시작했는가보다 얼마나 오래, 균형 있게 공부했는지가 더 중요하다.

4
AI 시대에도 승승장구하는 아이

AI 시대, 영어의 새로운 가치

"영어 공부가 왜 필요한가요? 이제 실시간 통번역기가 있잖아요."

영어 교육 상담에서 학부모들의 반응은 두 갈래로 나뉜다. "영어는 여전히 중요한 생존 도구"라는 긍정적인 입장과 "인공지능이 있는데 영어를 열심히 해야 해?"라는 회의적인 시각이다. 특히 후자의 경우, 대화의 전제가 달라 논의 자체가 쉽지 않다.

번역 프로그램은 AI 발전의 한 단면일 뿐이다. 챗GPT나

퍼플렉시티 같은 AI 프로그램들은 이미 교사보다 더 나은 예시와 문제 분석, 개인별 학습 계획, 글쓰기 첨삭을 제공한다. "To 부정사를 배우는 EFL 학생을 위한 연습문제'를 요청하면 순식간에 난이도별 문제를 제시하고, 음성 인식으로 실시간 통번역까지 가능하다. 그렇다면 우리는 왜 여전히 영어를 배워야 할까?

넬슨 만델라는 "당신이 누군가에게 그가 이해하는 언어로 말하면 그의 머리로 가지만, 그의 모국어로 말하면 그의 마음으로 간다"고 했다. 직접 상대방의 언어로 대화할 때 진정성이 전달된다는 것이다.

언어는 단순한 '말의 의미' 이상이다. UCLA의 심리학자 앨버트 메라비언의 "7-38-55 법칙"에 따르면, 대면 대화에서 감정과 태도의 전달은 말의 내용(7퍼센트), 음성적 요소(38퍼센트: 억양, 속도, 톤), 비언어적 요소(55퍼센트: 표정, 몸짓, 자세)로 이루어진다. 특히 감정이 개입된 상황에서 이러한 비언어적 소통은 인간적 유대를 강화한다. 번역기가 이 모든 요소를 온전히 전달할 수 있을까?

인터넷은 이미 전 세계를 하나로 연결했다. 초기 인터넷 시대에는 이메일을 주고받고 정보를 검색하는 것이 주된 활용 방식이었지만, 이제는 전 세계가 실시간으로 소통하는 시대가 되었다. SNS에서는 다양한 국적의 사람들이 함께 노래를 부르며 로제의 〈아파트〉를 외치고, 글로벌 이슈가 즉각 공유된다. 그리고 이 모든 소통의 중심에는 영어가 있다.

세계 경제를 주도하는 미국의 거대 기업들이 만들어낸 환경 속에서, 어떤 사람들은 영어를 활용해 경제적 이득을 창출하는 반면, 누구는 단순히 시간을 소비하는 데 그치고 있다. 영어를 통해 다양한 문화를 경험하고, 이를 바탕으로 이직, 경제적 인사이트, 글로벌 네트워크와 같은 기회를 얻는 사람이 있는가 하면, 영어를 활용하지 못해 점점 뒤처지는 이들도 생겨나고 있다.

이과도 문과도 필요한 영어 실력

문과라면 더욱 영어 실력이 중요하며, 공대나 이과 역시 영어를 피할 수 없다. 컴퓨터공학이나 화학처럼 주로 표, 숫자, 프로그래밍 언어로 내용을 표현하는 분야도 있지만, 경영, 교육, 사회과학 등 문과 계열은 영어로 자신의 콘텐츠를 전달해야 할 때가 많다. 이때 언어 장벽이 있다면 자신의 역량을 100퍼센트 발휘하기 어려우며, 기회조차 제한될 수밖에 없다. 해외 마케팅이나 영어 사용이 필수적인 부서에서 해당 언어에 능통한 인재를 선호하는 이유도 여기에 있다.

현실에서, CES와 같은 글로벌 무대에서 자사의 제품을 소개할 때 "음… 저기…" 하는 순간, 클라이언트는 "영어 잘하는 사람이 있나요?"라고 묻게 될 것이다. 이것이 바로 현실이다. 커뮤니케이션에서 가장 중요한 것은 콘텐츠를 얼마나 효과적으로 전달할 수 있는가이다. 콘텐츠를 생산하는 것뿐만 아니라, 이를 전달하는 능력 역시 직업 선택과 기회의 폭을 결정하는 중요한 요소가 된다.

"나는 영어와 상관없는 직업을 구할 거니까 영어는 필요 없겠네요?"라고 말한다면, 대학에서 접하게 될 전공 서적의 대부분이 영어 원서라는 사실을 간과한 것이다. 고등교육에서 영어는 제1의 학술 언어다. 내가 전공한 유아교육에서도 대부분의 이론이 영어로 설명되며, 독일이나 이탈리아의 유명 학자들조차 논문을 영어로 작성한다.

미국은 교육 산업이 경제에서 차지하는 비중이 크며, 국제 학생들의 경제적 기여도 역시 상당하다. 2022~2023학년도 동안, 국제 학생들은 미국 경제에 약 401억 달러(약 53조 4천억 원)를 기여했고, 이로 인해 36만 8천 개의 일자리가 유지됐다. 이러한 환경에서 학술 연구, 교육, 비즈니스 등 다양한 분야에서 영어는 단순한 선택이 아니라 필수적인 도구다.

4차 산업혁명을 논할 때 가장 많이 언급되는 AI, 전기차, 드론 등의 핵심 기술을 연구하고 주도하는 국가 역시 미국이다.

이러한 분야의 학술 논문과 연구 자료는 대부분 영어로 작성된다. 고품질의 정보를 얻기 위해서는 영어로 검색하는 것이 필수적이며, 한글 검색과 영어 검색 간의 정보 양과 질의 차이는 상당하다. 영어를 도구로 얼마나 활용할 수 있는지에 따라 지식과 역량을 펼칠 수 있는 무대도 달라진다.

사고의 깊이는
언어의 깊이에서 나온다

그러나 영어를 잘하는 것만으로는 충분하지 않다. 무엇보다 중요한 것은 콘텐츠의 질이다. 인간만이 할 수 있는 사색하고, 분석하고, 자신만의 것으로 만드는 과정을 통해 독창적인 콘텐츠를 만들어야 한다. 깊이 있는 사고는 결국 깊이 있는 언어에서 비롯된다. 그리고 이 사고의 기본은 모국어다. 앞으로의 시대에는 누구나 할 수 있는 것보다 독창성이 더 큰 가치를 갖는다.

우리는 초 단위로 이미지가 소비되는 도파민 시대에 살고 있다. 짧고 자극적인 동영상이 사람들의 관심을 끌고, 즉각적인 만족이 일상이 되었다. 하지만 이러한 환경 속에서도 깊이 있는 사고와 창의적인 글쓰기는 차별화된 경쟁력이 된다.

디지털 시대에는 글이 더욱 빠르게 유통되며, 회전율 또한 높다. AI가 발전하면 정보 전달은 기계에 맡길 수 있지만, 깊은 소통과 창의적 문제 해결은 여전히 인간의 몫이다. 따라서 경험과 사고를 바탕으로 글을 쓰는 능력이 필수적이며, 특히 영어로 이를 명확하고 효과적으로 표현할 수 있는 역량은 중요한 경쟁력이 된다.

기술이 발전할수록 기계가 대신할 수 없는 창의적 표현과 진정성 있는 글쓰기가 더욱 가치 있게 평가될 것이다. 언어는 단순한 도구가 아니라, 사고를 정리하고 발전시키는 과정이며, 그 자체가 힘이다.

글쓰기는 단순히 생각을 표현하는 것이 아니다. 사고를 정리하고, 논리적으로 발전시키는 도구이자 과정이다. 복잡한 문제를 해결하거나 새로운 아이디어를 발전시키는 데 중요한 역할을 하며, 글을 쓰며 생각의 빈틈이나 모순을 발견하고 보완할 수 있다.

아이러니하게도, 이러한 깊이 있는 사고를 위해 가장 먼저 다져야 할 것은 모국어다. 모국어로 사고할 때 가장 높은 수준의 인지 능력을 발휘할 수 있기 때문이다.

여러 언어가 공존하는 개발도상국에서는 학문적 언어로 영어를 사용하는 경우가 많지만, 모국어가 아닌 언어로 교육받을 경우 학습 성과가 저하되고 자퇴율이 높아진다는 연구 결과도 있다. 이에 따라 모국어 교육의 중요성이 더욱 강조되고 있다.

모국어를 잘한다는 것은 단순히 말을 유창하게 하는 것이 아니다. 적절한 어휘를 사용하고, 복잡한 문장을 이해하며, 정교한 표현이 가능한 능력을 의미한다. 또한, 상황을 분석하고 의미를 추론하는 비판적 사고력, 자신의 감정과 생각을 명확히 전달하는 정서적 표현 능력도 포함된다.

모국어 능력이 뛰어난 아이들이 외국어도 잘한다는 말은, 이미 모국어에서 논리적 사고력과 표현 능력을 갖춘 아이들이 외국어를 더욱 효과적으로 도구로 활용할 수 있기 때문이다. 모국어로 사고하고 글쓰기를 잘하는 능력에 영어까지 더한다면, 더 넓은 세상을 무대로 삼을 수 있는 강력한 경쟁력이 될 것이다.

8장

※

부모의 역할: 영어 교육의 숨은 주역

1
'엄마표 영어'는 어떻게 달라져야 할까?

엄마표 교육에서 가장 어려운 부분 중 하나는 아이에게 편안한 학습 분위기를 만들어주는 일이다. 이때 중요한 것은 "엄마가 가르친다"는 생각을 버리는 것이다. 엄마는 가르치는 사람이 아니라 함께하는 사람이다. 요즘 많은 미취학 아동의 부모들이 자신을 선생님처럼 여기거나 학부모 역할을 지나치게 의식하는 경향이 있다. 하지만 36개월 이전까지는 엄마와의 애착 형성이 가장 중요하다. 선생님은 어디에서든 찾을 수 있지만, 엄마는 세상에 단 한 명뿐이다.

엄마표 영어의 기본은 엄마가 탄탄한 모국어 실력을 바탕으로, 영어를 '노출' 수준에서 다루는 것이다. 가장 효과적인 방법은 엄마가 먼저 영어를 즐기는 모습을 보여주는 것이다.

예를 들어, 엄마가 팝송을 듣거나 디즈니 애니메이션을 보는 것만으로도 충분한 영어 노출이 될 수 있다. 만약 디즈니 캐릭터에 빠져 대사를 외우고, 머리띠 같은 소품을 활용해 연기를 하면, 아이는 자연스럽게 영어를 접하며 더 즐겁게 참여하게 된다. 엄마가 영어에 조금 더 자신이 있다면, '잼잼', '곤지곤지'처럼 익숙한 손 유희에 영어 동요를 접목시키는 것도 효과적이다

나는 아이들과 함께 디즈니 OST와 팝송을 자주 들었는데, 어느 순간부터 아이가 자연스럽게 따라 부르기 시작했다. 신나게 콧노래를 부르니 아이도 덩달아 즐거워하며 따라 불렀다. 첫째가 시작하니 둘째도 함께했고, 우리는 거실과 차에서 팝송을 들으며 노래하는 시간을 즐겼다.

인간의 뇌는 본능적으로 불평등을 받아들이기 어려워한다. 이는 영장류를 대상으로 한 실험에서도 확인할 수 있다. 연구자들이 두 마리 원숭이에게 돌을 주고 간식으로 보상을 제공했을 때, 첫 번째 원숭이는 오이를 받았고, 두 번째 원숭이는 포도를 받았다. 원숭이들은 본래 오이를 잘 먹었지만, 한 원숭이가 포도를 받는 것을 본 순간, 오이를 거부하고 던지기 시작했다.

사람도 마찬가지다. 아이가 '엄마는 공부 안 하는데, 왜 나

만 해야 해?'라고 생각하기 시작하면, 학습 자체에 불평등감을 느낄 수 있다. 아이에게 공부를 강요하기 전에, 엄마가 먼저 영어를 즐기는 모습을 보여주는 것이 중요하다. 다행히 영어는 영화, 드라마, 팝송 등 다양한 콘텐츠를 통해 자연스럽게 접할 수 있는 언어다. 엄마가 먼저 영어를 즐기며 아이와 함께하는 시간이 쌓여야 한다.

그리고 아이 공부 수준이 점점 어려워질 때, 엄마가 휴대폰을 자주 들여다보는 것이 아니라 함께 책을 읽거나, 자격증 공부를 하거나, 다른 학습 활동을 하는 모습을 보여주자. "함께 노력하는 과정"을 경험하는 것이 아이의 학습 태도에 긍정적인 영향을 미친다.

아이가 36개월 이후 책을 읽기 시작하면, 모국어와 영어 원서의 비율을 8:2로 유지하는 것이 이상적이다. 영어 원서 읽기도 중요하지만, 모국어 독서가 우선이다. 책을 읽는 것뿐만 아니라, 아이와의 대화도 학습에 중요한 역할을 한다.

엄마표 교육을 하면서 독서록을 다운받거나, 워크시트를 풀게 하는 것은 큰 도움이 되지 않는다. 아이는 유치원과 초등학교에서 이미 충분히 워크시트를 접한다. 그보다 중요한 것은 아이의 말에 귀 기울이고, 아이와 충분히 대화하는 것이다.

특히 전두엽이 발달하는 6세 이후에는 "만약에…"라는 질문을 많이 던져보자. 예를 들어, 《아기돼지 삼형제》를 읽었다면, "만약 네가 돼지라면 어떤 원료로 집을 지을 거야?", "만약 네가 늑대라면 돼지 집에 어떻게 들어가려고 할 거야?" 이처럼 질문을 던지며 아이와 대화하는 것이 중요하다. 엄마가 질문하고, 아이가 대답하면서 서로의 생각을 주고받는 과정이 사고력과 창의력을 기르는 데 큰 도움이 된다.

요즘 아이들은 자신의 말만 하느라 바빠, 친구나 선생님의 이야기를 주의 깊게 듣지 않는 경우가 많다. 따라서 대화를 통해 서로의 생각을 나누는 경험을 충분히 제공하는 것이 중요하다.

대화를 단순한 문답 형식으로 끝내지 말고, 아이의 생각을 이끌어내고 확장할 수 있는 질문을 던져보자. 배움은 일방적인 전달이 아니라, 함께 고민하고 나누는 과정에서 더욱 깊어진다.

2
아이의 속도를 존중하는 맞춤 학습

꾸준함의 힘:
엄마표 영어 성공 전략

몇 년 전까지만 해도 기질 육아가 유행했고, 20년 전에는 하워드 가드너의 다중지능 이론이 인기를 끌었다. 이 이론은 아이가 다양한 방식으로 학습할 수 있음을 강조하며, 언어적 지능, 논리·수학적 지능, 공간 지능, 음악 지능, 신체 운동 지능 등 여덟 가지 지능이 독립적으로 존재한다고 주장했다. 그러나 특정 지능에 맞춘 교육만을 강조하지는 않았다.

현실적으로, 학교 수행평가에서 "청각형 아이들은 자신의 생각을 말로 설명하시오"라는 식의 문제는 나오지 않는다. 아이들은 결국 학교에 들어가 읽고 쓰는 학습을 모두 준비해야 한다. 대부분의 미취학 아동은 언어 지능, 음악 지능, 신체 운동 지능이 자연스럽게 발달하는 단계에 있으며, 이는 다중지능 이론을 고려하지 않더라도 정상적인 과정이다.

학습 계획을 세울 때 고려해야 할 중요한 원칙이 있다.

- 첫째, 미취학 아이들은 반드시 움직여야 한다.
- 둘째, 아이들의 집중 시간은 15분을 넘기기 어렵다.
- 셋째, 집안일까지 도맡고 있다면 남는 시간을 효율적으로 활용해야 한다.

이 세 가지를 고려하면, 엄마표 영어의 목표는 하루 1~2시간을 부담 없이 진행하며, 최소 3년 이상 지속할 수 있도록 설정하는 것이 가장 적절하다. 영어는 아이에게 가장 우선순위가 높은 과목이 아니다. 엄마표 영어를 통해 자연스럽게 영어를 습득하려면 '빼기의 미학'이 필요하다. 학습 계획을 세울 때는 엄마의 현실적인 상황을 먼저 평가해야 한다.

- 엄마의 시간과 체력은 충분한가?
- 아이의 연령과 학습 스타일은 어떤가?

- 엄마의 영어 실력은 어느 정도인가?

특히 워킹맘이라면 엄마표 영어를 조금 내려놓아도 괜찮다. 아이에게 필요한 것은 선생님이 아니라 엄마다. 건강한 체력과 정신만 있다면, 영어란 "그까짓 거!"라고 넘길 수 있는 문제다.

워킹맘이 집에 와서 샤워하고 옷 갈아입는 시간 같이 혼자만의 시간이 필요할 때, 그 시간에 영어 동영상이나 원서를 들려주는 환경을 조성하면 충분하다.

영어는 학령기가 되면 체계적인 학습이 가능해진다. 그러므로 좋은 학원을 선택해 신뢰하고 맡기되, 진행 상황을 주기적으로 체크하는 것이 중요하다. 학습은 학원에서 진행되지만, 집에서는 사랑과 휴식이 필요하다.

반면, 아이와 함께하는 시간이 많은 엄마는 체력 관리가 필수적이다. 많은 엄마들이 아이가 없는 동안 집안일을 하며 시간을 보내지만, 오히려 헬스장에 가거나 운동을 하며 체력을 비축하는 것이 더 중요하다. 체력이 뒷받침되어야 오후 4시 이후의 육아 시간에도 지치지 않고 아이와 질 좋은 시간을 보낼 수 있기 때문이다.

우리 집의 엄마표 영어는 아이가 3살 때부터 시작됐다. 오후 4시 하원 후에는 한강이나 놀이터에서 한 시간 정도 놀았다. 분필, 비눗방울, 잠자리채, 축구공 등을 가지고 충분히 신체 활동을 했다. 집에 돌아와 샤워를 하고 나면, 내가 저녁을 준비하는 20분 동안 아이는 〈맥스와 루비〉 같은 잔잔한 프로그램을 시청했다. TV 시청이 끝나면 저녁 식사 준비를 도왔다. 숟가락과 뽀로로 젓가락을 놓고, 물컵을 가져다 놓는 것이 아이의 몫이었다.

저녁을 먹을 때는 내가 일터에서 있었던 일이나 신문에서 본 이야기 등 다양한 주제로 대화를 나눴다. 당시 아이는 3살이라 아직 말을 잘 하지 못했지만, 대화의 분위기는 중요했다. 식사 후 설거지를 하는 동안 아이는 10분 정도 더 TV를 보거나 영어 동요를 들었다. 설거지를 마치고 나서는 본격적으로 20~30분 정도 책을 읽어주는 시간을 가졌다. 아이가 원하는 책을 가져오면 함께 읽었고, 단순히 책만 읽는 것이 아니라 동물 흉내를 내거나 관련된 노래를 불렀다. 책을 매개로 이야기를 나눴다. 특히 팝업북은 여러 가지 방식으로 이야기를 확장할 수 있어서 내가 덜 지루해했다. 은성이는 반복해서 같은 책을 읽는 것을 좋아했기에 팝업북은 좋은 선택이었다.

영어 노출을 자연스럽게 하려면 엄마도 간단한 고전 동요 몇 개는 외워두고 아이와 함께 부르는 것이 좋다. 예를 들어, 나는 고전 영어 동요인 〈Old MacDonald Had a Farm〉(맥도날드 아저씨 농장에)에 다음과 같이 새 가사를 붙여 부르며 즐거운 영어 경험을 만들었다. 이런 노래는 아이가 영어에 익숙해지도록 도와주고, 엄마와 함께하는 즐거운 경험으로 이어진다.

"Rubber duck duck, rubber duck, duck,
Rubber duck here and rubber duck there,
Rubber duck is everywhere — duck, duck!"
러비 덕 덕, 러버 덕, 덕,
여기에도 러버 덕, 저기에도 러버 덕,
러버 덕은 어디에나 있어요—덕, 덕!

엄마표 영어의 핵심은 지속성에 있다. 각자의 상황과 능력에 맞는 실천 가능한 방법을 찾아 꾸준히 이어가는 것이 중요하다. 미취학 아동에게는 학습보다 자연스러운 영어 노출이 우선되어야 한다.

나는 둘째가 태어나면서 첫째의 영어 노출이 줄어들었고, 특히 둘째가 돌이 지난 후 복직을 하면서 더욱 그랬다. 이런 상황에서는 학습용 패드를 적절하게 (하루 5분 정도) 활용했다. 시간이 제한된 상황에서 패드를 사용해 영어책 읽어주기 프로그램이나 양방향 학습을 진행했다. 둘째를 낮잠을 재우러 가야 하는 시간같이 아이가 혼자 남게 되는 시간에 패드를 활용했다. "은성이가 두 개 골라서 보고 끄고 놀이 하는 거야~"

패드 속 영어 콘텐츠는 한정적이라 안심할 수 있었고, TV는 둘째가 너무 어리기 때문에 적절한 대안이 되지 못했다. 손이 많이 가는 어린 둘째를 돌보는 동안, 첫째에게 잠깐씩 패드를 활용해 2~3분씩이라도 영어 노출을 이어갈 수 있었다.

엄마표 영어가 점차 체계화되고 있지만, 핵심은 '습득' 과정에 있다. 학습은 학교나 EBS, 강남구청 인강 같은 무료 프로그램으로도 충분하다. 진정한 엄마표 영어는 미취학 아동에게 영어 동요, 적절한 영상 시청, 원서 읽기를 통한 꾸준한 노출이다. 독후 활동이나 다독왕 챌린지는 선택사항일 뿐이다.

모국어를 배울 때 매일 독후 활동이나 워크시트를 하지 않았듯이, 영어도 마찬가지다. 반복적인 영어 노출, 즐거운 영어 동요, 충분한 영어 독서만으로도 자연스러운 말하기 능력이 발달한다. 학령기에 접어들어 한글을 익히고 파닉스(영어 읽기)를 배우기 시작하면, 2~3년 후에는 독립적인 영어 읽기가 가능해진다. 그때부터는 아이 주도의 영어 독서를 통해 자발적인 영어 습득이 시작된다.

아이의 관심을 영어로 연결하기

수시 전형에서 생활기록부의 중요성이 커지면서, 아이의

다양한 관심사를 블로그, 인스타그램, 유튜브 등 여러 플랫폼에 기록하는 것이 필요하다는 인식이 늘었다. 미취학 아동의 경우, 넷플릭스 시청 목록을 통해 아이의 관심 분야를 파악할 수 있다.

예를 들어, 은성이는 세 살 무렵 자동차에 깊이 빠져 있었고, 그 관심을 넓히기 위해 자동차 백과사전을 함께 보고 모터쇼에도 다녀왔다. 이 시기에는 〈트래시 트럭 Trash Truck〉이나 〈꼬마버스 타요〉의 영어 버전을 활용해 자연스럽게 영상 노출을 시켰다. 덕분에 중장비 차량의 이름을 영어로 말할 수 있었고, 각 차량을 그림으로 표현해보는 활동도 가능했다. 지금도 그 시절에 배운 backhoe loader(백호 로더), concrete mixer(콘크리트 믹서), bulldozer(불도저) 등의 차량을 레고로 만들며 역할 놀이를 즐긴다. TV 시청, 실제 경험, 장난감 놀이를 통해 이러한 관심을 지속적으로 발전시켰다.

아이의 모국어 능력과 독서력이 발달하고, 학교에서 다양한 교과를 접하면서 세계관도 확장된다. '우리 동네'와 같은 직접적인 환경에서 시작해, 점차 우리나라와 세계 여러 나라, 그리스-로마 신화나 전래동화 같은 복잡한 이야기에도 관심을 갖게 된다. 이때 부모는 관련 동영상과 자료를 지속해서 제공해야 한다. 예를 들어, 유치원에서 올림픽을 배울 때 관련 영어 영상을 함께 보았다. 아이는 이미 모국어로 배경지식이 있었기 때문에, 영어 동영상을 보며 더 적극적으로 질문하고 자신의 지식을 표현했다.

가정에서 부모는 아이의 학습과 실제 세계를 연결해주는 역할을 해야 한다. 이러한 연결 과정을 꾸준히 기록한 포트폴리오는 고등학교 시기에 아이의 적성과 진로를 함께 고민하는 중요한 자료가 된다.

3
영어를 좋아하는
아이로 키우기

"제이 선생님, 내일 7살 반에 새로운 남자아이가 옵니다. 놀이식 영어 학원을 다녔는데, 7살 되고 나서 진도가 너무 빠르게 나가서 힘들어한다고 해요."

대치동 일반유치원에는 영어 유치원에서 전학 오는 아이들이 많다. 특히 7살이 되면 매 학기 3~4명의 아이들이 옮겨 온다. 이들이 전학 오는 이유는 두 가지로 나뉜다. 다른 지역에서 대치동으로 이사 온 경우와 영어 유치원을 그만두고 일반 유치원으로 옮기는 경우다. 기본 생활 습관이 바르고 놀이를 잘하는 아이들은 빠르게 적응한다. 처음에는 같은 공간에서 놀잇감만 함께 쓰는 병행 놀이를 하며 친구들 이름을 익히고, 대치동의 빠른 영어 진도에 어려움을 느끼지만, 한두 달이 지나면 적극적으로 수업에 참여한다. 5~6살에 2년 동안 배운 파닉스를 7살에 빠르게 습득하는 모습을 보며 '적기 교육'의 의미를 실감한다.

반면 영어 유치원 출신 아이들은 적응이 더딘 편이다. 표정 없이 지친 얼굴로 등원한다. 첫날에는 친구들의 자유로운 놀이를 의아한 표정으로 지켜보거나 책을 읽으며 상황을 관찰한다. 일주일이 지나면 인사를 받아들일 정도로 표정이 풀리지만, 또래와의 대화는 여전히 어렵다. 졸업할 때까지 자발적인 수업 참여가 거의 없는 아이들도 있다. 특히 남자아이들은 영어에 대한 불안감이 크고, 연필을 자주 떨어뜨리는 등 긴장 행동을 보이는 경우가 많다.

정서적인 안정감이 공부보다 먼저

정서적 안정감이 학습에 선행되어야 한다는 원칙을 설명하는 매슬로의 욕구 피라미드는 유아교육의 기본 이론이다. 이는 인간이 인지 발달에 앞서 기본 욕구가 충족되어야 함을 보여준다. 아이가 성취 욕구를 갖기 위해서는 먼저 안정감, 사랑, 자존감이 채워져야 한다.

  이 욕구 체계에서 가장 기본이 되는 것은 생리적 욕구와 안전 욕구라는 신체적 만족감이며, 그다음으로 사랑과 소속감이라는 정서적 안정감이 중요하다. 예를 들어, 학업 성취도가 낮은 남학생들은 학교에 대한 소속감을 느낀 후에야 읽기, 쓰기, 암기와 같은 학습 활동에 동기를 갖게 된다. 이러한 이유로 남학생들에게는 숲 유치원, 대학 부설 유치원, 사립 초등학교와 같이 좋은 롤모델이 있는 환경에서 소속감을 경험하는 것이 중요하다. 사랑과 소속감이 바탕이 되어야 자존감이 생기고, 이후에 자발적인 성취 욕구가 발현된다.

  이러한 원리는 영어 교육에도 적용된다. 아이에게 따뜻한 주거 환경과 신체적, 심리적 안정감이 제공되어야 다음 단계로 나아갈 수 있다. 특히 "엄마가 세상의 중심"인 미취학 시기는 정서적 안정감 형성에 결정적인 시기다. 이 중요한 시기에 영어 교육에 지나치게 집착하여 아이와의 관계를 해치지 않도록 주의해야 한다.

원어민 수업은 득일까 실일까

상담에서 여전히 많이 나오는 질문 중 하나는 원어민 수업

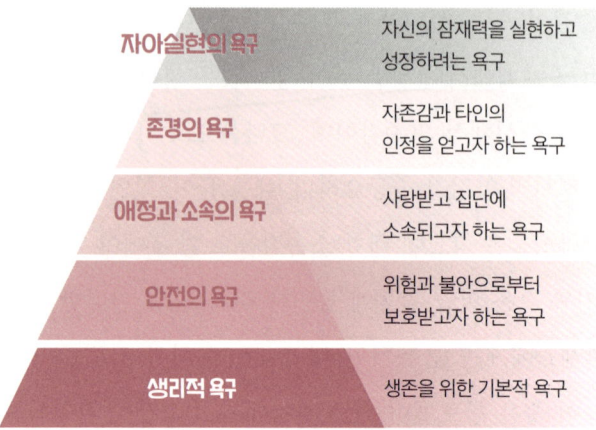

매슬로의 욕구 이론 피라미드

의 필요성이다. 이와 관련하여 교육학의 중요한 개념인 근접 발달영역ZPD, Zone of Proximal Development을 살펴볼 필요가 있다. 이는 학습자가 현재 수준보다 약간 더 어려운 단계(+1 정도)의 내용을 배울 때 가장 효과적으로 학습한다는 이론이다. 수업 설계나 평가에서 자주 활용되며, 내용이 너무 어려우면 흥미를 잃고, 너무 쉬우면 학습 효과가 없다는 점을 강조한다.

원어민 수업은 만 2세 이전 아동에게는 효과적일 수 있다. 이 시기는 한국어와 영어의 구분이 명확하지 않아 언어 감각을 기르는 데 도움이 된다. 하지만 이는 엄마가 들려주는 영어 동요만으로도 충분하다. 만 3세부터는 모국어 발달이 본격화되는데, 이 시기의 원어민 수업 효과는 재고해볼 필요가 있다.

원어민 강사 면접 경험에 따르면, 많은 강사들이 아동 발달의 특성을 제대로 이해하지 못하는 수준이다. 아동 발달에 대한 이해와 교수 기술이 부족한 원어민 수업은 비효율적이다. 수업이 대부분 강사 중심으로 이루어져, 아이들은 원어민과 실제 대화를 나누기보다 영어를 일방적으로 듣기만 하게 된다. 이런 경우 차라리 아이의 흥미에 맞는 유튜브 영상이 더 효과적일 수 있다.

100퍼센트 영어로 진행되는 수업보다 한국어 설명을 병행하는 것이 더 효과적인 경우가 많다. 특히 문법이나 워크북 설명은 한국어를 활용하는 것이 효율적이다. 이는 외국인에게 한국어를 가르칠 때를 생각해보면 이해하기 쉽다. 한국어를 모르는 외국인에게 조동사를 한국어로만 설명하는 것이 비효율적인 것처럼, 영어 문법을 영어로만 설명하는 것은 시간 낭비가 될 수 있다.

4
실패를 두려워하지 않는 용기 키우기

작은 성공이 만드는 큰 자신감

영어를 포함한 모든 학습의 지속 동력은 무엇일까? 최근 교육은 유튜브 쇼츠나 릴스처럼 도파민을 자극하는 패드 학습과 게임 활동이 주를 이룬다. 하지만 이런 흐름에 아이들을 무조건 따르게 해야 할까? 많은 학부모는 이에 동의하지 않을 것이다.

어린 시기에 '재미있게' 배운 것은 결국 재미만 남는다. 반면 입시는 재미와 거리가 멀며, 실패를 극복하고 재도전하는 회복탄력성이 핵심이다. 중고등학교 시기는 성공보다 실패를 더 자주 경험하는 때다. 2028년 대입 개편안에서는 절대평가라고 하더라도 상위 20퍼센트만 1등급을 받는 상대평가 기준을 함께 적용한다. 나머지 80퍼센트는 실패를 경험하게 되는 것이다.

중요한 것은 이러한 실패 후에도 "이까짓 것쯤이야"라며 다시 도전할 수 있는 힘을 키우는 것이다. 실패 후 성취감을 느낀 경험이 아이에게 다음 공부를 할 동기가 된다. 실패를 극복해본 경험이 있으면, 아이는 다음 실패를 두려워하지 않고 다시 공부에 도전할 자신감을 얻는다.

회복탄력성을 키우는 가장 간단한 방법은 소소한 성취 경험을 쌓는 것이다. 이를 위해 등산과 집안일을 추천한다. 등산은 체력과 회복탄력성을 기르는 가장 효과적인 방법이자, '작은 성공'을 경험할 수 있는 최적의 활동이다. 한국의 산들은 난이도를 선택할 수 있어 부모가 아이의 성취 난이도를 조절하기 쉽다. 한 번에 정상에 오르지 못해도 다음에 다시 도전할 수 있으며, 이 과정에서 체력과 인내심도 함께 길러진다.

첫째 아이가 "어려운 일이 있어도 끝까지 해낼 수 있다"는 자신감을 갖게 된 것도 등산 덕분이었다. 등산을 하면서 나는 아이에게 "천천히 가든 빨리 가든, 정상에서 만나기만 하면 돼. 끝까지 오르기만 하면 돼"라고 격려했다. 하산하는 어른들이 아이에게 "어떻게 여기까지 왔니?", "정말 대단해!"라고 칭찬해 주면서 아이의 자신감은 더욱 커졌다. 이렇게 아이의 노력을 즉각적으로 인정받을 수 있는 경험이 흔할까? 높든 낮든, 정상에 올랐을 때 아이는 노력의 보람과 성취감을 직접 경험한다.

우리 집도 처음에는 집 근처 작은 매봉산을 시작으로, 안산, 인왕산, 수락산 등을 차례로 등반했다. "빨리 가든 천천히 가든, 우린 정상에서 만나"라는 말로 아이를 독려하며 함께 목표를 향해 나아갔다. 이렇게 집 근처 작은 산을 오르는 경험을 쌓으며, 아이가 인생의 더 큰 도전에 대비할 수 있도록 작은 성취감을 키워가는 것이다.

집안일도 작은 성취감을 쌓기에 좋은 방법이다. 빨래나 청소 같은 일은 정해진 시간 내에 임무를 완수해야 하는 숙제와 비슷한 원리를 따른다. 뒤집힌 옷을 바로잡고, 대칭을 맞춰 접고, 양말과 속옷을 정리하는 과정에서 아이는 자연스럽게 인내심을 기른다. 특히 흐물흐물한 옷을 접으며 여러 번 실패하지만, 반복하는 과정에서 점점 더 정확하게 할 수 있게 된다. 이런 실패를 안전한 환경에서 경험하고, 다시 도전하며 성공하는 과정이 결국 아이의 학습 능력과 문제 해결력을 키우는 중요한 토대가 된다.

사춘기에도 흔들리지 않는
자기주도 탐구 습관

초등학교 5학년은 제대로 엄마표 영어를 해온 아이들이 "Read to Learn"(배움을 위한 읽기) 단계에 진입하는 시기다. 영어 읽기와 듣기에 부담이 없는 아이들은 이 시기 왕성한 지적 호기심과 함께 관심사가 빠르게 바뀐다. 이러한 특성을 활용해 개인적인 '연구 시간'을 마련해주는 것이 좋다. 예를 들어, 화산 지대 주민들의 생활에 관심이 있다면 다양한 영어 매체(유튜브, 도서관 책, 신문 기사, 인스타그램 등)로 정보를 검색하고 탐구하게 한다. 이는 영어 공부가 아닌 자연스러운 영어 노출의 연장이며, 향후 고등학교 내신에서 '영어의 감'이라는 강력한 무기가 된다.

이 시기는 아이의 영어 노출을 유지하면서 동시에 진로 탐색을 돕는 중요한 기회다. 이를 위해 학부모는 질문을 던지는 연습을 도와야 한다. 질문의 명확성, 구체성, 목적성을 높이고, 열린 질문과 닫힌 질문을 적절히 활용하는 것이 중요하다.

실리콘밸리에서 일하는 한 개발자는 "어떻게 하면 아이를 질문하는 아이로 키울 수 있을까?"라는 고민을 털어놓았다. 그는 실리콘밸리에 한국인은 많지만, 관리자급에 오르는 경우는 드물다고 했다.

문제를 해결하고, 주도적으로 질문하는 사람이 결국 리더가 되기 때문이 아닐까?

AI는 정보를 검색하고 답을 제공하는 데 뛰어나지만, 스스로 질문을 던지거나 호기심을 느끼지는 못한다. '알아보고 싶다'는 지적 호기심은 인간만이 가진 능력이며, 이를 키우기 위해서는 초등학교 5학년부터 영어를 '공부'가 아닌 '도구'로 활용하는 연습이 필요하다.

중학교에 들어가서야 질문하는 습관을 기르려 하면 시간이 부족하다. 따라서 초등 5학년 시기부터 아이가 흥미로운 주제를 탐구할 수 있도록 영어를 활용한 질문을 던지는 연습을 시작해야 한다.

쉬는 시간을 무의미하게 유튜브 쇼츠나 릴스를 보며 흘려보내기보다, 영어를 도구로 활용해 스스로 궁금한 주제를 탐구하는 시간을 만들어주자. 아이가 조사한 내용을 꾸준히 기록하면, 이후 진로 탐색이나 생활기록부 작성에도 일관되게 활용할 수 있다.

초등 시기에는 부모들이 "우리 아이는 바다생물, 공룡, 자동차를 좋아해요."라고 말하지만, 사춘기에 접어들면 자녀가 무엇을 좋아하는지조차 모르는 경우가 많다. 이는 단순한 대화 부족의 문제가 아니라, 사춘기 변화와 진로 탐색이 각기 다른 흐름으로 진행되기 때문이다.

사춘기가 찾아와 학습이 힘들어진다면, 과감하게 영어 학원을 활용하자. 입시 대비 학원에서 학습을 맡기고, 부모는 아이가 따뜻한 밥을 먹으며 쉴 수 있도록 돕는 역할을 하면 된다. 사춘기 아이들은 부모보다는 선생님과의 대화에서 더 큰 효과를 얻는 경우가 많기 때문이다.

미국《정신의학》저널에 실린 연구에 따르면, 청소년기의 자율적 탐구 활동은 부모의 안정적인 지원을 바탕으로 이루어진다. 청소년이 자립적인 탐구 활동을 늘려갈수록, 부모를 심리적 안정의 기반으로 삼아 또래 관계나 로맨틱한 관계를 형성하고, 자신의 감정과 행동을 조절하는 능력을 기르는 데 도움을 받을 수 있다(Murphy 외).

부모와의 관계가 불안정하면, 청소년기에 중요한 사회적·정서적 발달이 제대로 이루어지기 어렵다. 그러므로 아이가 사춘기를 맞이하더라도 "엄마(아빠)는 널 믿어"라는 태도로, 스스로 탐구할 시간을 존중해주자. 이는 입시뿐만 아니라, 진로 탐색과 미래의 삶에도 중요한 역할을 한다.

**잘 노는 아이가
영어도 잘한다**

초판 1쇄 발행 | 2025년 4월 11일

지은이 | 최재진

펴낸이 | 공태훈
펴낸곳 | 글의온도
출판등록 | 2021년 1월 26일(제2021-000050호)
주소 | 서울시 강동구 천중로 213, 621호
전화 | 02-739-8950
팩스 | 02-739-8951
메일 | ondopubl@naver.com
인스타그램 | @ondopubl

© 최재진
ISBN 979-11-92005-64-5   03370

■ 이 책 내용의 일부 또는 전부를 재사용하려면 반드시 저작권자와 글의온도의 동의를 얻어야 합니다.
■ 잘못된 책은 구입하신 서점에서 교환해드립니다.